Stefan Liebknecht (Hg.)

Homöopathie für Pflanzen

Stefan Liebknecht (Hg.)

Homöopathie für Pflanzen

Gesundes Wachstum in Haus, Garten und Natur

fit fürs Leben Verlag

Die Studien und Erkenntnisse über die Anwendungen in diesem Buch wurden sorgfältig recherchiert und nach bestem Wissen und Gewissen wiedergegeben. Der Verlag und die Autoren übernehmen keinerlei Haftung für Schäden, die sich durch Anwendung der dargestellten Behandlungsmethoden oder Rezepturen ergeben.

Stefan Liebknecht (Hg.)
Homöopathie für Pflanzen
Gesundes Wachstum in Haus, Garten und Natur

1. Auflage 1998

Titel: Peter Jaruschewski
Gestaltung: Martina Wessels
Lektorat: Britta Kurtz
Druck: Druckservice Rotenburg

Dieses Buch wurde auf chlorfrei gebleichtem Papier gedruckt.

ISBN 3-89526-018-5
Printed in Germany

Inhaltsverzeichnis

Vorwort

Die homöopathische Behandlung von Krankheiten gewinnt in der Medizin immer mehr an Bedeutung. Seit *Samuel Hahnemann* Ende des vorigen Jahrhunderts seine Heilmethode durch die Potenzierung von krankmachenden Stoffen entwickelte, wächst die Zahl der Anhänger dieser sanften Medizin beharrlich.

Das Zeitalter der Hochtechnologie hat die Menschen sensibel gemacht. Schäden, die durch radikale Methoden früherer Zeiten entstanden sind, werden mit Schrecken festgestellt, in der Medizin wie auch in der Industrie. Sanfte, die Natur nicht gefährdende Mittel und Methoden gewinnen an Bedeutung, da die Folgeschäden durch den Einsatz und die Überdosierung von Giften sichtbar geworden sind.

Pflanzenschutzmittel, die die Umwelt nicht belasten

Umweltorganisationen fordern von jeher ein behutsameres Umgehen mit unserem größten Gut, der natürlichen Umwelt, die unsere Lebensgrundlage ist. Die Einbringung von künstlichen Düngemitteln und Gülle sind keine langfristigen Methoden zur Gesunderhaltung und Stärkung von Böden und Pflanzen. Das Grundwasser wird durch die einsickernden Gifte verseucht, eine Reinigung ist schwierig und kostenintensiv, wenn nicht gar unmöglich. In den Blumenzuchtanlagen der dritten Welt erkranken die Mitarbeiter, meist Frauen und Kinder, durch die ätzenden Spritzmittel.

Artists for Nature begrüßt daher die Entwicklung von sanften Methoden in der Behandlung von Pflanzen und Böden. Die hohe Wirksamkeit homöopathischer Pflanzenwuchs- und Kräftigungsmittel wird im vorliegenden Buch an zahlreichen Beispielen demonstriert. Wir wünschen

dem Buch und seinem Thema große Verbreitung und Beachtung in der Bevölkerung. Denn hier wird gezeigt, daß es auch anders geht, daß gerade auch für die Garten- und Pflanzenpflege im eigenen Heim der Einsatz von giftigen Spritz- und Düngemitteln vermeidbar ist. Mit der Möglichkeit einer homöopathischen Behandlung von Pflanzen wird Gartenfreunden und Pflanzenliebhabern eine natürliche, ressourcen- und umweltschonende Alternative gegeben, die mit gutem Gewissen Blütenpracht und gesundes Grün möglich macht.

aRTiSTS fOR naTURe

Einleitung

Das Spektrum alternativer Heilmittel für kranke Pflanzen wächst. Fast kann man schon von einem »Boom« naturgewonnener Boden- und Pflanzenzusätze sprechen. Die große Auswahl erschwert eine Entscheidung - mit einer Ausnahme: Wenn ein gestreßter Golfplatz durch eine einmalige Mittelabgabe eines völlig neuartigen, homöopathischen Mittels DM 500.000,- für eine dringend notwendige Neuanlage seines Rasens einsparen kann oder ein Weizenbauer über 30% mehr und höherwertigen Ertrag durch Einsatz dieses völlig schadstofffreien, extrem günstigen Pflanzenstärkungsmittels erwirtschaften kann, dann muß daran etwas Besonderes sein. Alles sieht ganz danach aus, daß sich die neuen homöopathischen Mittel für Pflanzen als effektive und kostengünstige multifunktionale Produkte für den landwirtschaftlichen Gebrauch - nicht nur für den biologisch-dynamischen Landbau - herausstellen könnten. Auch für den Hobbygärtner, Profigärtner und Waldbesitzer bedeuten diese Mittel eine Revolution, da sie das heute häufig geschwächte Immunsystem der Pflanzen stärken und dem durch Chemikalien geschädigten Boden wiederaufhelfen können.

Die ersten homöopathischen »Medikamente« wurden vor 20 Jahren entwickelt

Die ersten homöopathischen »Medikamente« für Pflanzen wurden vom Konstanzer Drogisten *Konrad Würthle* »entdeckt« - vor etwa 20 Jahren. Der emsige Drogist hatte die Idee gehabt, das gerade aufkommende Waldsterben mit diesen Hochleistungsmitteln zu stoppen.

Der Weg zur Anerkennung und breiten Anwendung verlief über unzählige private Versuche. Wissenschaftliche und staatliche Institutionen, die von den außergewöhnlichen Erfolgen homöopathischer Behandlung von Bäumen, Sträuchern, Wiesen, Getreide, Obst und Gemüse hörten, begannen ihrerseits mit Untersuchungen bisher unbekannter Effekte. Zur Zeit liegen bereits über 40 Anwendungsstudien aus dem Getreide-, Gemüse-, Hopfen- und Weinanbau vor sowie über die Wirkung dieser Mittel auf Nadel-, Laub- und Obstbäume und Gartenblumen.

1991 wurde dem Erfinder des homöopathischen Wirkstoffkomplexes *Biplantol, Konrad Würthle,* auf der Welterfindermesse in Genf die Silbermedaille verliehen. 1997 wurde der Komplex gemäß IFOAM[1] und EU-Richtlinien für den biologischen Landbau in die Schweizer FiBL-Liste[2] der für den biologisch-dynamischen Landbau zugelassenen Hilfsmittel aufgenommen.

In der Schweiz wenden etwa 3.000 Biobauern die genannten Mittel weitgehend exklusiv, unter Ausschluß chemischer Produkte, an: mit finanziellem und ideellem Gewinn. Die Vielseitigkeit dieser homöopathischen Mittel übertrifft die kühnsten Erwartungen:

Der Einsatz von Homöopathie verringert Pflanzenkrankheiten

Man kann mit ihnen Biotope, wie auch größere Gewässer reinigen. Tränkt man das Tierfutter mit einigen Tropfen, werden die damit gefütterten Tiere widerstandsfähiger. Die Mortalitätsrate von Aufzuchttieren sinkt. Die Gülle wird weniger giftig. Stark dezimierte Bodenmikroorganismen vermehren sich wieder. Pflanzenkrankheiten gehen zurück. Schädlinge halten sich fern. Die Qualität der Pflanzen steigert sich beträchtlich. Getreide, Gemüse und Obst sind innen und außen gesund. Das Aussehen der Früchte wird deutlich verschönert. Ihre Lagerfähigkeit wird erhöht.

[1] *International Association of Biological Arming Movements*
[2] *Forschungsinstitut für biologischen Landbau*

Was ist neu an diesen Pflanzenhilfs- bzw. Pflanzenstärkungsmitteln? Sie wirken nicht durch die in ihnen enthaltenen Stoffe, sondern durch die Informationen, die diese Stoffe in ihrem Trägermedium hinterlassen. Diese Informationen mobilisieren die körpereigenen Heilungskräfte der Pflanze. Experten weisen auf die positive Beeinflussung der Mykorrhiza (Bodenwurzeln) hin. Neueste Erkenntnisse der Wasserforschung zeigen, daß Wasser ein perfektes Informationsmedium ist. Wasser speichert die einmal erhaltenen Informationen und gibt diese strukturell weiter. Vielleicht ist das der Grund dafür, daß in Wasser gelöste dynamisierte Potenzen die Pflanze rundherum beleben. Möglich ist aber auch, daß die jüngst entdeckte rege Kommunikation der Pilzwurzeln und ihr im Boden stattfindender Nährstoffaustausch die Schlüssel zu den diversen Phänomenen homöopathischer Einwirkung sind.

Wasser ist ein perfektes Informationsmedium

Dieses Buch versammelt bewußt sehr divergente Betrachtungsansätze wie auch die unterschiedlichsten Erfahrungen in der Anwendung homöopathischer Mittel. Allen aber ist gemein, daß die jeweiligen Autoren erstaunliche Erfahrungen berichten können.

Berichte über den Einsatz homöopathischer Mittel bei Kakteen, Sukkulenten und Orchideen ergänzen die Artikel. Beispielhafte Stimmen von Anwendern runden das Bild eines wirklich einzigartigen Therapeutikums für Natur und Garten ab. Nach dem Lesen dieses Buches sieht man die Schäden der Natur mit einem deutlich leuchtenderem Blick - der eine neue Hoffnung auf Gesundung unserer Zukunft signalisiert.

Stefan Liebknecht, Herausgeber

Was ist Homöopathie?

Gudrun Dümer*

Homöopathie als Weg zu Gesundheit und Stabilität beschreibt eine Lehre, die als Begriff jedem interessierten Laien bekannt ist. Was sich jedoch genau dahinter verbirgt, kann so recht kaum jemand erklären. Als ein wichtiges Naturheilverfahren hat sich die Homöopathie innerhalb der Bevölkerung inzwischen weitgehend durchgesetzt und ist auch in Kreisen der Schulmedizin mehr und mehr zu Anerkennung und Anwendung gelangt. Darüber hinaus werden homöopathische Mittel bereits in der alternativen, umweltschonenden Pflanzenproduktion als Stärkungsmittel zur Förderung der Gesundheit der Pflanzen und zur Qualitätsverbesserung der Ernte eingesetzt.

Medizin ohne Nebenwirkungen

Zum besseren Verständnis dieser großartigen, ohne schädliche Nebenwirkungen anwendbaren Medizin für Menschen, Tiere und Pflanzen sind im folgenden die Prinzipien der klassischen Homöopathie erklärt. Man unterscheidet fünf Grundprinzipien:

- das Ähnlichkeitsgesetz
- die Arzneimittelprüfung am Gesunden
- die Arzneipotenzierung
- die Einzelmittelgabe
- die Verordnung gemäß § 153 des Organon[3]

** Mit freundlicher Unterstützung der Freien Heilpraktiker-Schule Bremen*
[3] Das »Organon der Heilkunst« ist das Hauptwerk des Begründers der Homöopathie, Samuel Hahnemann, das er 1810 geschrieben hat

Das Ähnlichkeitsgesetz

Ähnliches möge Ähnliches heilen

Der Begriff Homöopathie stammt aus dem Griechischen *»homoios«* = ähnlich/gleich und *»pathos«* = Leiden, also: die Lehre vom ähnlichen Leiden. Aus der Bedeutung des Wortes Homöopathie läßt sich auch schon das Kernstück der Homöopathie, das Ähnlichkeitsgesetz ableiten: *»Similia similibus curentur«* – Ähnliches möge Ähnliches heilen.

Begründer des Heilsystems der Homöopathie ist der Arzt *Samuel Hahnemann* (1755–1843). Er hat das Ähnlichkeitsgesetz begründet und die Homöopathie daraus entwickelt. Doch schon lange vor ihm wiesen *Hippokrates* und *Paracelsus* in ihren Lehren auf dieses Prinzip hin, und Pfarrer *Kneipps* Kaltgüsse bei kalten Füßen bedeuten nichts anderes als seine Anwendung.

Bereits in der griechischen Mythologie aber auch in der Bibel finden sich Hinweise in Erzählungen und Gleichnissen, die auf dem Ähnlichkeitsgesetz beruhen. Einfache Beispiele für die Wirkung des Ähnlichkeitsgesetzes im Alltag sind z.B. kalte Hände durch Einreibung mit Schnee zu erwärmen oder bei starker Sonnenhitze heißen Tee zu trinken. Das entgegengesetzte Verhalten entspräche dem Contraria-Prinzip:[4] eisgekühlte Getränke zum Erfrischen in der Sommerhitze oder das Aufwärmen kalter Hände am Kaminfeuer. Auf die Medizin bezogen heißt das, ein Arzneimittel zu verabreichen, das eine den Symptomen entgegengesetzte Wirkung auslöst. Eine Arznei kann aber auch, wie z.B. Kortison bei der Behandlung von Allergien, un-

[4] *Contra, lat. = gegen*

terdrückend wirken. Aus der Sicht der Homöopathie können die beiden letzteren Prinzipien zwar Linderung, aber keine wirkliche Heilung bewirken.

Die Arzneimittelprüfung am Gesunden

Zwischen homöopathischer Arznei und den Symptomen bestehen Ähnlichkeiten

Damit das Ähnlichkeitsgesetz in der Medizin Anwendung finden kann, ist es notwendig, über Kriterien für die Ähnlichkeit von Krankheit und Arznei zu verfügen. Da Krankheit sich in Symptomen äußert, stellte sich für *Hahnemann* die Frage, ob sich eine Arznei ebenfalls in Symptomen äußern könne, und er kam auf die Idee, Arzneien an gesunden Menschen auszuprobieren. Ein Mittel kam dann in Frage, wenn es an einem Gesunden entsprechend die Symptome auslöste, welche die Krankheit beim Betroffenen verursachten. Im Umkehrschluß heilt diese Arznei einen Kranken, der ähnliche Symptome hat, wie sie sich beim Gesunden nach der Arzneieinnahme äußern. Es ist wichtig, die Prüfung am gesunden Menschen durchzuführen, da sonst keine eindeutige Aussage über das Arzneimittelbild getroffen werden kann. Manche Arzneien haben ein immenses Symptomenregister. Belladonna, die Tollkirsche z.B. hat 1.440 Symptome verzeichnet! Sind nun die Symptome eines Kranken denen eines Arzneimittelbildes weitgehend ähnlich, kann die Arznei eine Heilung einleiten.

Die Arzneipotenzierung

Ein weiteres Prinzip in der Homöopathie ist die Arzneipotenzierung, die ebenfalls von *Hahnemann* entdeckt wurde. Wie er auf dieses Prinzip kam, ist jedoch unbekannt. Zur Herstellung von Arzneimitteln verwendet die Homöopathie Pflanzen, Metalle, Mineralien und Säuren aber auch Tiere wie Ameisen *(Formica rufa)*, Wespen *(Vespa)* oder auch Spinnen *(Tarantula)*, aber auch deren Produkte wie z.B. den Inhalt des Tintenbeutels eines Tintenfisches *(Sepia)*. Die Herstellung unterliegt besonderen Vorschriften, die im Homöopathischen Arzneibuch (HAB) geregelt sind. Ausgangsstoff der Potenzierung ist entweder die Arzneisubstanz selbst oder deren Urtinktur, d.h. eine Essenz, Tinktur oder Lösung der Substanz. Um eine Essenz herzustellen, wird der Saft einer frisch gepreßten Pflanze mit Alkohol vermischt, stehengelassen und schließlich abfiltriert.

Zur Herstellung homöopathischer Arzneien werden Pflanzen, Metalle und Mineralien verwendet

Zur Herstellung einer Tinktur werden Substanzen von Pflanzen oder Tieren mittels Alkohol extrahiert. Lösliche Salze und Säuren bilden den Ausgangsstoff für wässerige oder alkoholische Lösungen. Unlösliche Mineralien und Metalle wie z.B. Gold oder Graphit können zuerst nur durch Verreibung mit Milchzucker potenziert werden, so daß flüssige Zubereitungen erst nach einigen Potenzierungen mittels Verreibung möglich sind. Homöopathische Arzneimittel heißen wie ihr lateinisch benannter Ausgangsstoff.

In der Homöopathie unterscheidet man sechs verschiedene Herstellungsformen:

Urtinktur	Alkoholischer Auszug (Basis für die Dilution)
Dilution	Flüssige Potenzen (Alkohol-Wasser-Gemisch)
Trituration	Pulver durch Verreibung der Stoffe mit Milchzucker
Tabletten	Gepreßte Milchzuckerverreibungen
Globuli	Streukügelchen aus Rohrzucker, die mit flüssigen Potenzen befeuchtet werden
Ampullen	Lösungen von Potenzen zur Injektion

Als Arzneiträger werden Wasser, Alkohol und Milchzucker verwendet.

Das Potenzieren

Die Potenzierung bestimmt die Wirkung

Für die Wirksamkeit homöopathischer Mittel bei Pflanzen ist die Dosierung ausschlaggebend. Unterschiedliche Konzentrationsstufen erlauben es, jedem Pflanzentyp ein individuelles Heilmittel anzupassen. Wirkstoffe pflanzlichen, tierischen oder mineralischen Ursprungs werden in einem speziellen Verfahren geschüttelt und mehrmals verdünnt (potenziert). Nehmen wir die sogenannte C-Potenz. Das C steht für Centisimal-Potenzierung (in Hunderterschritten), da hierbei die Ausgangssubstanz stufenweise jeweils im Verhältnis 1:99 mit dem Arzneiträger verdünnt wird. Zuerst wird die Urtinktur hergestellt, dann wird potenziert, was eine Kombination aus stufenweiser Verdünnung und Verschüttelung bzw. Verreibung beeinhaltet. Ein Teil der Urtinktur wird mit 99 Teilen Alkohol vermischt und 10mal kräftig geschüttelt. Dabei wird die Flasche auf eine feste, federnde Unterlage, auf ein dickes Buch oder gegen den Handballen, geklopft. Auf diese Weise erhält man ein homöopathisches Mittel, Dilution genannt, mit der Potenzbezeichnung C1.[5] Will man nun eine C2 herstellen, wird ein Teil der C1 mit 99 Teilen Alkohol vermischt und dann wieder 10mal geschüttelt. Zur Herstellung der C3 und höherer Potenzen verfährt man genauso.

Es gibt aber auch noch andere Potenzierungsarten. Sie unterscheiden sich durch ihr Verdünnungsverhältnis. Wird im Verhältnis 1:9 verdünnt, handelt es sich um eine Dezimal- oder D-Potenz. Klassische Homöopathen verwenden außerdem noch Q-Potenzen, auch LM-Potenzen[6] genannt.

In homöopathischen Mitteln werden Informationen wirksam, keine Stoffe

Rein chemisch betrachtet, enthält ein homöopathisches Mittel, dessen Potenz über eine D24 oder C12 hinausgeht, kein einziges Molekül des Ausgangsstoffes mehr. Wirksam werden nicht die Stoffe, sondern die enthaltenen Informationen. Diese Informationen und feinstofflichen Energien werden auf eine Trägersubstanz (Wasser, Gesteinsmehle) übertragen und so den Pflanzen verabreicht. Physikalische Schwingungen und Energieströme mobilisieren die pflanzeneigenen Heilungskräfte, und den Organismen wird geholfen, Krankheiten und Schwächungen aus eigener Kraft zu bewältigen.

[5] Das C steht für 100, und die Ziffer danach entspricht dem Dezimalexponenten, der die Verdünnungs- und Verschüttelungsstufe kennzeichnet
[6] Bei den römischen Zahlen bedeutet L=50, M=1.000. LM steht für das Verdünnungsverhältnis von ca. 1:50.000

Die homöopathischen Pflanzenstärkungsmittel setzen sich aus Mineralien, Spurenelementen (Zink, Kupfer und Mangan) und Auszügen aus wertvollen Heilpflanzen zusammen. Sie entgiften den Boden und beleben dabei durch minimale Mengen von Mineralsalzen und Spurenelementen die Bodenorganismen zur Humusbildung, regen den Säftefluß sowie die Mykorrhizabildung an den Feinstwurzeln an, so daß die Pflanzen die Nährstoffe besser aufnehmen können.

Der Wirkmechanismus homöopathischer Mittel

Bezüglich der Homöopathie gibt es immer noch zahlreiche Faktoren, die wissenschaftlich nicht oder noch nicht ganz geklärt sind. Dank der modernen Physik, insbesondere der Quantenphysik, wird jedoch die Transparenz über die Wirkzusammenhänge immer größer. In der Gesamtmedizin wird die Homöopathie als spezifische Regulations- und Reiztherapie verstanden. Ein lebender Organismus zeichnet sich dadurch aus, daß er auf Reize antwortet. Dabei richtet sich die Antwort oder Reaktion immer darauf, den Organismus im Gleichgewicht zu halten.

Die Homöopathie hilft dem Organismus, seine Selbstheilungskräfte zu reaktivieren

Krankheit ist eine Reaktion auf einen Reiz, der Menschen, Tiere oder Pflanzen aus ihrem Gleichgewicht geworfen hat. Durch die Krankheit versucht der Organismus das Gleichgewicht wiederherzustellen, was ihm jedoch nicht immer gelingt. Hier setzt die Homöopathie an. Sie setzt einen Reiz, der dem Leiden ähnlich ist, und hilft dem Organismus auf diese Weise, seine Selbstheilungskräfte, seine Eigenregulation zu reaktivieren. Die Stärke des Reizes ist von entscheidender Bedeutung.

Wie verhält es sich nun mit dem Reiz einer Substanz, von der ab einer gewissen Potenz gar keine Moleküle mehr in der Überträgersubstanz zu finden sind? Man kann davon ausgehen, daß diese Mittel nicht als chemische Medikamente zu sehen sind, sondern daß sie als physikalische Agenzien (Impulsgeber) auf energetischer Ebene wirken und den physikalischen Gesetzen elektromagnetischer Felder unterliegen. Das heißt, sie reagieren untereinander, z.B. durch Resonanz. Wie jede Materie durchdringt auch den menschlichen Körper ein elektromagnetisches Feld. In der Biophysik nimmt man an, daß dieses elektromagnetische Feld die biochemischen Vorgänge im Körper steuert. Wird dieses elektromagnetische Feld beeinflußt, dann wirkt sich das auch auf die biochemischen Funktionen aus.

Homöopathische Mittel wirken als Impulsgeber auf energetischer Ebene

Auch *Hahnemann* faßte die Homöopathie als Regulations- und Reiztherapie auf. Er berief sich allerdings allein auf seine Erfahrung und wußte nichts vom physikalischen Verhalten elektromagnetischer Felder – seine Erfahrung gab ihm recht.

I. Homöopathie für Pflanzen

Konrad Würthle

Der ausschlaggebende Faktor für die Entwicklung homöopathischer Pflanzenstärkungsmittel war das in den 80er Jahren erstmals beobachtete Waldsterben, von dem in den Medien ausführlich berichtet wurde. Bis dahin war man der Meinung gewesen, der Wald sei gesund. Auch ich hatte keinen anderen Eindruck. Erst bei genauerem Hinsehen waren den Experten starke Unterschiede zwischen kranken und gesunden Bäumen aufgefallen. Als Verursacher für diese öffentlich angeprangerte Umweltzerstörung wurden die vielen Abgase besonders der Industrie und später der Hauskamine verantwortlich gemacht. Die Wissenschaftler verwiesen auch auf die Autoabgase, deren toxische Stoffe einen beträchtlichen Teil des »sauren Regens« verursachen würden. Man ging davon aus, daß vor allem deren Schadstoffe die Bäume belastet hätten. Heute sind wesentlich differenziertere Faktoren für das Sterben des Waldes bekannt. Einige dieser Ursachen sind landwirtschaftlichen Ursprungs, wie niederregnende Stickstoffe und Ammoniak, das aus der Gülle stammt. Sie und ihre Umsetzungsprodukte (z.B. Ozon) wirken auf zweifache Weise auf den Organismus der Natur: einerseits direkt auf die Pflanzen, andererseits indirekt über die Zufuhr von Säuren, Sulfat, Nitrat und Ammonium in den Boden.

Nicht nur Abgase sind für die Waldschäden verantwortlich

Wie die Ungleichgewichte und Schädigungen der Natur eventuell behoben werden könnten, wußte man anfangs nicht. Man versuchte es mit entsprechenden Düngervarianten wie beispielsweise der Waldkalkung oder mit Magnesiumdünger. Hierdurch konnten jedoch nur bestimmte Funktionsabläufe beeinflußt werden. Jede Sanierung der

Umwelt kann aber auf lange Sicht nur dann Erfolg haben, wenn die Ursachen abgestellt werden.

Wie viele Menschen, die die Nachricht des Waldsterbens zutiefst beunruhigt hatte, war auch ich durch diese Meldung sehr betroffen. Ich dachte darüber nach, wie der geschädigten Umwelt zu helfen sein könnte. Als gelernter Pharmakaufmann und Drogist, der natürliche Ressourcen, insbesondere naturheilkundliche Heilkräuter, chemischen Präparaten vorzieht, stoße ich fast täglich auch auf die Homöopathie. Ich dachte mir, daß das, was für den Menschen heilsam ist, auch Pflanzen helfen könnte. Mir kam der Gedanke, geschädigte Bäume »homöopathisch« zu behandeln. Ich wollte ein Mittel herstellen, das sowohl für gesunde als auch für kranke Pflanzen verträglich wäre – ohne weitere Belastungen und Blockaden auszulösen.

»Ich wollte ein Mittel herstellen, das sowohl für gesunde als auch für kranke Pflanzen verträglich wäre«

In meiner Familie wurden meine Geschwister und ich vorrangig mit Homöopathie, Heilkräutern und biochemischen Schüsslersalzen behandelt. Wenn uns Kindern etwas fehlte, wurden wir nach den Regeln der Naturheilkunde kuriert. Diese Erfahrungen kamen mir bei meinen Überlegungen zur Heilung des Waldes zugute. Sie sind mit Sicherheit der Grund dafür, daß ich eine sanfte Wirkstofflösung vorzog.

Meine Absicht war es, eine homöopathische Lösung zu entwickeln, die mehrere Funktionen und Stoffe beinhalten sollte:

1. Sämtliche Nähr- und Wirkstoffe, die eine Pflanze für ihren Zellaufbau benötigt
2. Wirkstoffe, die das belastete Umfeld, besonders die Struktur des Boden positiv beeinflussen
3. Stoffe zur Aktivierung der Pilzmyzele (Pilzfäden), die in Gemeinschaft mit den Pflanzen leben
4. Stoffe zur Aktivierung der Bodenmikroorganismen
5. Homöopathische Kombinationen zur Entgiftung und Aktivierung der Pflanze und des Bodens

Homöopathische Mittel sind hochverdünnte Substanzen von Pflanzen oder Tieren

Es gelang mir, einen homöopathischen Wirkstoffkomplex zu entwickeln, der alle diese Voraussetzungen erfüllt. Die Ausgangsstoffe bilden die biochemischen Funktionsmittel nach *Dr. Schüssler.* Grundlage sind Kombinationen von Pflanzenauszügen, mineralisch-organischer Dünger, organisches Germanium, sowie Uronsäuren. Ihre Potenzstufen bewegen sich zwischen D6 und D200.[7]

Die Wirksamkeit der einzelnen Potenzstufen wurde durch ausgedehnte Weizen-, Kresse-, wie Bohnenkeimversuche (über alle Wachstumstufen: 1.-2. Keimblatt, Wurzelbildung usw.) labortechnisch überprüft. Es wurden überwiegend Freilandversuche durchgeführt.

[7] Die Potenzstufen geben an, in welchem Maße die Ausgangssubstanz verdünnt worden ist. Potenzen über D24 enthalten keine materielle Substanz des Ausgangsstoffes mehr

Die ersten Versuche erfolgten an zwei drei- bis vierjährigen Fichten, die ich 1982 in einem Gartencenter gekauft hatte. Verschiedene Dosierungen wurden getestet und ergaben deutliche Ergebnisse mit besserem und längerem Nadelwachstum. Es folgte ein erster Großversuch. Wir hatten zu diesem Zweck einen geschwächten Mammutbaum sowie geschädigte Douglasien vom Staatsforst Konstanz ausgewählt. Da die Behandlungen positiv verliefen, erfolgten weitere Freilandversuche.

Einer der ersten Anwender der homöopathischen Mittel für Pflanzen war *Andreas Hühmer.* Ihm gelang es in der Zeit von April bis Oktober 1985, in einem ausgesuchten Waldstück in Bayern via Infrarotaufnahmen die Wirksamkeit homöopathischer Mittel bei 60jährigen Tannen und Fichten zu belegen.

Hopfen

Ebenso gute Erfolge wurden im Hopfenanbau erzielt. Bis heute werden von der Hopfenforschungsanstalt in Hüll entsprechende Versuche mit homöopathischen Mitteln durchgeführt. Wollte man alle bereits unternommenen Tests mit homöopathischen Pflanzenstärkungsmitteln detailliert darstellen, würde das den Rahmen dieses Buches sprengen.

Längere Blütenpracht und verbessertes Wachstum

Manche Erfolge überraschten mich selbst. Dazu gehörte auch der Einsatz der von mir entwickelten homöopathischen Mittel für Kakteen, die mir aufgrund ihrer pflanzenphysiologischen Funktion immer als ein botanisches Wunder erschienen. Herr *Franz Gebhart* aus Baindt, ein Kakteenexperte mit über 40jähriger praktischer Erfahrung, überzeugte mich durch seine ausgefeilte Dosierung von diesen stacheligen Gesellen.[8]

Fast zehn Jahre später erging es mir ähnlich bei Orchideen. Eine meiner Kundinnen, die Orchideen über alles liebte, warf sämtliche Dosierungsvorschriften über Bord, da sie Tag für Tag in das von ihr benützte Sprühwasser mehrere Tropfen eines homöopathischen Pflanzenstärkungsmittels gab - wodurch die Orchideen ihre Blütenpracht noch länger beibehielten.

Erst 1996 erfuhr ich von einem bereits 8 Jahre währenden Langzeitversuch, den *Prof. Dr. Bechmann* aus Oeynhausen durchführte (lesen Sie seinen Bericht ab Seite 99). 1997 erfolgte ein weiterer Versuch auf Anraten *Prof. Dr. Bechmanns:* ein Experiment mit homöopathischen Mitteln zur Wiederbelebung des hochgiftigen Wattenmeers. Auch hier liegt inzwischen ein positiver Erstbericht vor.

Zwei Drittel aller behandelten Bäume wuchsen überdurchschnittlich gut

1996 testete die Ortsgruppe Konstanz des B.U.N.D.[9] die Wirksamkeit von homöopathischen Pflanzenstärkungsmitteln. 27 Einzelbäume (unterschiedliche Hochstammobstbäume) wurden in den Versuch einbezogen. Die behandelten Bäume zeigten gegenüber den unbehandelten wesentlich bessere Wachstumsqualitäten. Zwei Drittel aller behandelten Bäume wuchsen überdurchschnittlich gut; sieben davon sehr gut. Dagegen wuchs nur ein Drittel aller nicht behandelten Bäume überdurchschnittlich gut; drei davon sehr gut. Die Rate der abgestorbenen Bäume

[8] *Siehe auch S. 88*
[9] *Bund für Umwelt und Naturschutz Deutschland*

betrug bei den nicht behandelten Bäumen (in einer Vegetationsperiode!) 10%. Bei den mit homöopathischen Mitteln behandelten Bäumen lag sie bei 0%.

Das Fazit des Versuches war:
Alle Ergebnisse führen zu dem Schluß, daß homöopathische Baummittel eine stärkende Wirkung auf Bäume haben, die durch äußere Einflüsse teilweise starken Schaden genommen haben.

Pflanzenstärkungsmittel stärken das Immunsystem

Freunde, die die erstaunlichen Wirkungen homöopathischer Mittel auf meine Pflanzen beobachten konnten, fragten häufig, wie diese positiven Ergebnisse erzielt werden. Wie wirken homöopathische Mittel auf Boden und Pflanzen?

Ein gesunder Boden ist die Grundlage für das Wachstum der Pflanzen

Ein gesunder Boden ist die Grundlage für das Wachstum der Pflanzen. Eine erhöhte Konzentration von Schadstoffen sowie überreiche Nährstoffe schädigen die Bodenorganismen und Feinwurzeln. Dies führt zu einer verminderten Nährstoffaufnahme; die Pflanzen erkranken.

Homöopathische Pflanzenstärkungsmittel schließen die vorhandenen Nährstoffe auf und stellen sie den Pflanzen voll zur Verfügung. Hierdurch wird die Zellteilung der Mikroorganismen und der Mykorrhiza (Wurzelgeflecht) erhöht und das Immunsystem der Pflanzen gegenüber Erkrankungen und Umweltschäden gestärkt. Pflanzenstärkungsmittel, die homöopathisch angelegt sind, lösen die Blockaden in der Pflanze, der Säftefluß kommt wieder in

Gang. Natürliche und beigegebene Nährstoffe können wieder ausreichend zirkulieren und die Pflanze versorgen.

Für jede Pflanze eine eigene Medizin

Nach langjährigen Versuchen und zahllosen positiven Ergebnissen sind wir heute in der Lage, auf Grundlage des sogenannten homöopathischen Wirkstoffkomplexes *Biplantol* und den daraus abgeleiteten spezifischen homöopathischen Mitteln das ganze Spektrum der Pflanzen, vom Grashalm bis zum Mammutbaum, genau dosiert zu behandeln.

Besonders stolz bin ich darauf, eine Reihe artenspezifischer Baummittel (insgesamt 31) nach den von mir zugrunde gelegten Homöopathie-Prinzipien entwickelt zu haben, die jetzt zum Einsatz kommen. Es handelt sich um Mittel für die folgenden Bäume:

Für jede Baumart kann ein spezielles Mittel hergestellt werden

Ahornbäume, Apfelbäume, Aprikosenbäume, Birken, Buchen, Eiben, Eichen, Eschen, Fichten, Kastanien, Kiefern, Kirschen, Kokospalmen, Lärchen, Linden, Mandeln, Olivenbäume, Orangenbäume, Pappeln, Pfirsichbäume, Pflaumenbäume, Platanen, Tannen, Thujas, Trauerweiden, Ulmen, Wacholdersträucher, Walnußbäume, Zedern und Zitronenbäume. Für jede gewünschte Baumart können bei Bedarf weitere Spezialmittel hergestellt werden.

Homöopathie 2000

Aus meiner Sicht betreiben wir heute ein Art *»moderne Homöopathie 2000«*, wie ich sie gerne nenne. Wir greifen einerseits auf praktische Erfahrungen der klassischen

Homöopathie nach *Samuel Hahnemann* zurück und berücksichtigen andererseits die von *Rudolf Steiner* entwickelten biodynamischen Gesetze. Darüber hinaus sind wir auch mit den Potenzierungsmöglichkeiten nach *Kolisko* vertraut und setzen biochemische Funktionsmittel nach *Dr. Schüssler* ein. Neben diesen Techniken bauen wir aber auch moderne biochemische Mittel aus der Humanmedizin in unsere Produkte ein - und berücksichtigen ebenfalls gewisse Daten aus dem Thun-Kalender[10] (Aussaattage) in der Präparateherstellung. Die Gesamtheit dieser Erfahrungen macht unser Wissen aus. Die mit allen genannten Methoden gewonnen Erkenntnisse geben wir an Menschen weiter, die die Natur erhalten möchten.

Homöopathie für den Grashalm und den Mammutbaum

Während der letzten zwei Jahre wurden die Ergebnisse der Erforschung homöopathischer Mittel für Pflanzen vermehrt publiziert. Zeitschriften wie die »Gartenzeitung«, »Flora«, »Mein schöner Garten« und Dutzende von weiteren Medien berichteten von eigenen Erfahrungen mit diesen neuen Mitteln. Das Fernsehen (vom Hessischen Rundfunk bis zum WDR) zeigte sich sehr interessiert und zeichnete Berichte auf. Der erste und größte Öko-Versand in Deutschland, Panda Versand, wird die von mir entwickelten Produkte ab Frühjahr 1998 in seinen Katalog aufnehmen. Kleingärtnerverbände hören sich Vorträge zum Thema an. Die Zeit scheint endlich reif.

[10] Der Thun-Kalender ist ein Jahreskalender, der 1961 von Maria und Matthias Thun entwickelt worden ist. Jedes Jahr wird die Konstellation von Mond und Sternen für günstige Aussaattage, den besten Erntezeitpunkt und für Einflüsse auf den Befall von Schadorganismen neu berechnet. Vor allem im biologisch-dynamischen Landbau werden die entsprechenden Arbeitstage mit Erfolg berücksichtigt

2. Revitalisierung geschädigter Pflanzen

Hugo Baumann

Ein gesunder Boden läßt gesunde Pflanzen wachsen

Die Landschaft ist ein vielfältiges Gebilde. Sie ist eine nahtlose Verzahnung unterschiedlich genutzter Flächen. Die als Pflanzenstandorte (Ökosysteme) geeigneten Flächen – wie zum Beispiel Wald, landwirtschaftliche Kulturflächen, Gärten, öffentliche Grünanlagen und Brachflächen – werden zunehmend zu Problemflächen. Die verschiedenen dafür verantwortlichen Ursachen sind teilweise bekannt. Andere müssen erst noch erforscht werden. Die Erhaltung der *gesamten* Landschaft ist zu einer wichtigen Aufgabe für kommende Generationen geworden. Es gibt nur noch wenige Orte, die man als »unberührte Natur« bezeichnen kann. Das größte Problem ist die »Gesamtdosis« von Schadstoffausstößen und zunehmender Verseuchung des Bodens und der Pflanzen.

Es gibt nur noch wenig »unberührte Natur«

Besonders die »Kombinationseffekte« der verschiedenen Belastungen sind unüberschaubar geworden. Viele Pflanzenstandorte im Freiland sind deshalb Streß-Standorte. Die dort wirkenden negativen Einflüsse führen zu erhöhtem Schädlingsbefall, zu Krankheiten und auch zu reduziertem Wachstum. Heute sind bereits ganze Landschaftsräume in Gefahr. Schutzwälder funktionieren nicht mehr. Komplette Landschaftsräume müßten, um auch in Zukunft nutzbar zu sein, umfassend instand gesetzt werden. Das kann allein eine naturnahe Bewirtschaftung leisten.

Auch im privaten Kleingarten lassen sich der Pflanzenschutz und die naturnahe Bewirtschaftung nicht mehr trennen. Immer mehr Gartenbesitzer möchten ihre Früchte, ihr Gemüse und ihre Kräuter in gesundheitlich unbedenklicher Qualität ernten.[11] Die Grundregel für dieses Ziel ist sehr einfach:

Jeder Gartenbesitzer möchte gesundes Obst und Gemüse ernten

Gesunder Boden
=
Gesunde Pflanzen
=
Gesunde Ernte

Die Ausführung ist schon schwieriger, denn die Auswahl an Produkten, Geräten und Maschinen auf dem Markt für Pflanzenpflege ist enorm. Für Hobbygärtner ist eine Übersicht bei Pflanzenschutzmitteln kaum mehr möglich. Richtlinien oder Empfehlungen für einzelne Produkte haben nicht in jeder Region die gleiche Bedeutung. Die Vielfalt der Produkte veranlaßt zum Ausprobieren im eigenen Garten. Diese positive Seite hat auch Nachteile: die erwähnten »Kombinationseffekte« der verschiedenen Produkte sind nicht mehr zu kontrollieren.

[11] Hugo Baumann, »Stärken statt düngen. Homöopathie für Pflanzen«, Fit fürs Leben-Magazin 3/1998

Die Entscheidung für die Natur beginnt im eigenen Garten

Mit der Entscheidung für eine naturnahe Bewirtschaftung hat sich der/die einzelne Gartenbesitzer/in für, nicht gegen die Natur entschieden. Diese Entscheidung verlangt Konsequenz: Die verschiedenen Kulturmethoden müssen einwandfrei angewendet werden. Auch die naturnahe Bewirtschaftung unterliegt ihren eigenen Regeln. Will man die Gesundheit von Pflanzen, Vögeln und Nützlingen fördern, dann sollten die verwendeten Pflanzenschutzmittel für Menschen, Tiere und Pflanzen unschädlich sein. Auch in Wasserschutzgebieten müssen sie anwendbar sein.

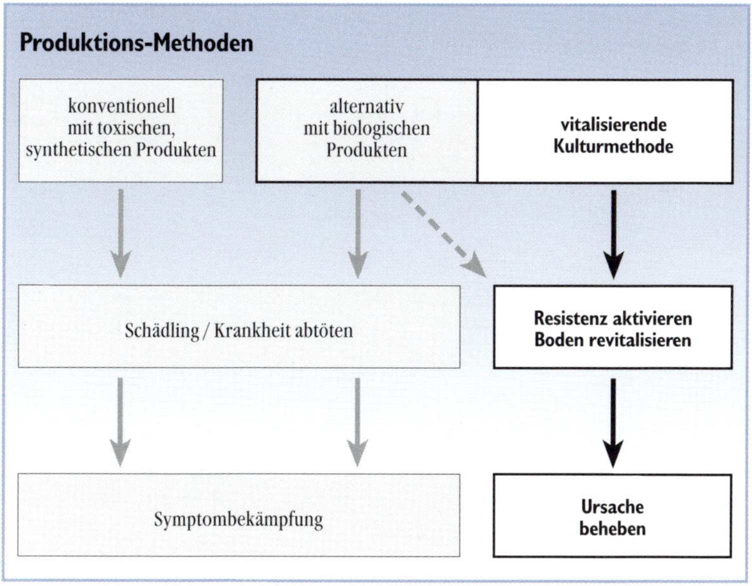

Verschiedene Produktionsmethoden im Pflanzenanbau

Vitalisierende Pflanzenproduktion zugunsten des Umweltschutzes

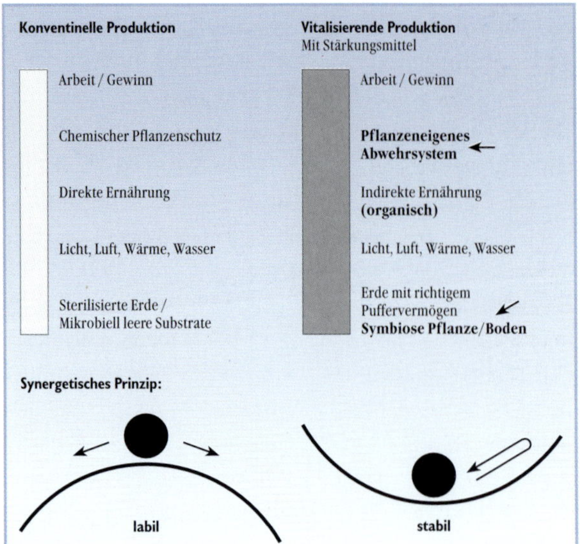

Konventionelle Produktion
Bei der konventionellen Produktion sind die einzelnen Faktoren genau auf die Bedürfnisse der entsprechenden Pflanzenart abgestimmt. Mit den notwendigen technischen Einrichtungen sind Höchstleistungen möglich. Bereits geringe Störungen oder Fehler in der Kulturführung bringen diesen »Produktions-Turm« zum Umstürzen.

Vitalisierende Produktion
Bei der vitalisierenden Pflanzenpflege liegen die einzelnen Faktoren sehr stabil aufeinander. Das pflanzeneigene Abwehrsystem funktioniert. Das Kulturrisiko ist geringer, und die Pflanzen sind für Streßphasen besser vorbereitet (Transporte, Temperaturdifferenzen, Standortwechsel). Der Einsatz von toxischen Pflanzenschutzmitteln ist nicht notwendig.

Kulturmethoden im Pflanzenanbau

Mit konventionellen Kulturmethoden sind Höchstleistungen bei der Pflanzenproduktion möglich. Die wesentlichen Ziele im Pflanzenanbau der letzten Jahrzehnte waren Ertragssteigerungen – und somit Einkommensverbesserungen. Heute wird der Umweltschutz zunehmend wichtiger. Dies bedeutet, daß das »Machbare« immer mehr zurückgestellt wird und der Kreislauf der Natur immer stärker beachtet und in die Kultivierung eingeplant wird. Aufgrund vieler Beobachtungen in der Natur wie auch durch eigene Versuche habe ich die sogenannte *vitalisierende Kulturmethode* entwickelt. Stärken und Schützen sind bei dieser Methode wichtiger als das Abtöten von Schädlingen und Krankheiten. Der Blick auf die Pflanzen stellt sich bei der vitalisierenden Methode ganz anders dar als bei den übrigen Kulturmethoden. Bei einer Schädigung wird nicht gefragt: *»Wie heißt der Schädling, und welches ist das spezifische Präparat zum Abtöten?«* Die hier gestellte Frage lautet: *»Warum hat diese Krankheit/dieser Schädling die Pflanze befallen?«* In vielen Fällen können die entsprechenden Fehler gefunden und behoben werden (z.B. Wassermangel, Überdüngung). Mit Stärkungsmitteln kann die pflanzeneigene Abwehrkraft wesentlich gesteigert werden. Bei der vitalisierenden Kulturmethode dürfen keine Produkte eingesetzt werden, die Bodenlebewesen oder das Wurzelgeflecht hemmen. Bei Freilandkulturen sollte deshalb auf toxische Pflanzenbehandlungsmittel verzichtet werden.

Warum wird eine Pflanze von Schädlingen befallen?

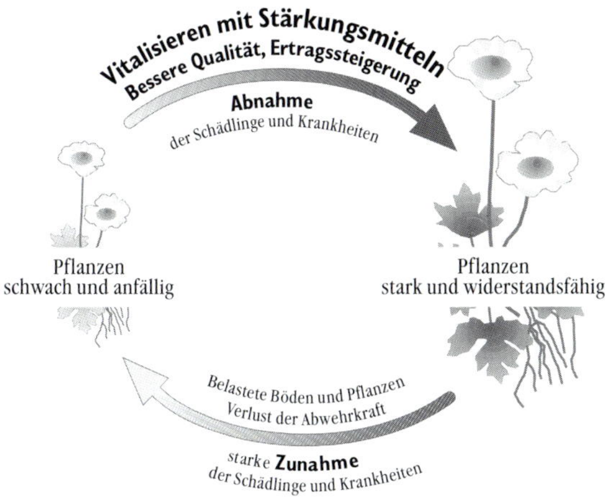

Kreislauf der Natur

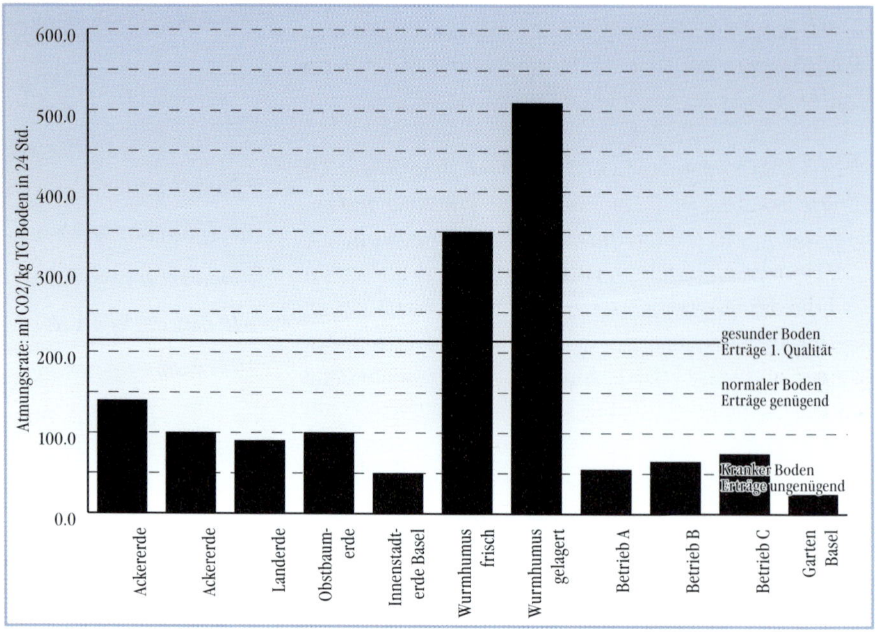

Biologische Bodenaktivität verschiedener Standorte

Leider haben vielerorts die Umwelteinflüsse ein pflanzenschädigendes Ausmaß angenommen. Häufig werden zuviel Dünger und Pflanzenschutzmittel eingesetzt. Die Gesundheit und Vitalität von Bäumen und Pflanzen ist oftmals stark eingeschränkt, und die biologische Aktivität der Böden (die Lebendigkeit der Bodenlebewesen) hat sich zum Teil erschreckend verschlechtert. Dadurch sind die Pflanzen anfälliger für Krankheiten und Schädlinge geworden. Die Wasser- und Nährstoffaufnahme ist häufig gestört. Bereits geringfügige, zusätzliche Belastungen (temporärer Streß) führen zu irreparablen Schäden. Zusätzlich hat der Stickstoffeintrag aus der Luft die kritische Grenze überschritten und führt zu einem Ungleichgewicht zwischen Blatt- und Feinwurzelwachstum. Die notwendige Symbiose von Boden und Pflanzen wird negativ beeinträchtigt.

Diese Gemeinschaft zwischen Bodenpilzen und Wurzeln (Mykorrhiza) ist für die bei uns wachsenden heimischen Pflanzen lebenswichtig. Ohne diese Gemeinschaft überleben sie nicht. Ohne die Ausscheidungen dieser Bodenpilze und die der Mikroorganismen funktioniert das pflanzeneigene Abwehrsystem nur noch ungenügend. Aufgrund meiner jahrelangen Beobachtungen stelle ich leider einen starken Rückgang dieser Wurzelpilze fest.

Eine geringere Aktivität der Bodenlebewesen schwächt die Abwehrkraft der Pflanzen

Situation I

Negative Einflüsse im Freiland: z.B. öffentliche Anlagen, Friedhöfe, Kulturflächen, Gärten, usw.

- **Chronische Toxizität**
- **Kombinationseffekte**
- **Additionseffekte**
- **Temporäre Belastungen**

↓

= Streß-Standorte mit erhöhtem Schädlings- und Krankheitsbefall sowie reduziertem Wachstum

Negative Einflüsse im Freiland

Homöopathie: Zur vorbeugenden Wirkung auf Boden und Pflanzen

Geschädigten Pflanzen können Vitalisierungsmittel helfen

Mit welchen Produkten kann man den geschädigten Pflanzen helfen? Eine Möglichkeit sind Stärkungsmittel. Diese können vergleichbare Wirkungen wie Dünger oder Pflanzenschutzmittel haben, man sollte sie jedoch als eigenständige Gruppe betrachten. Damit Vitalisierungsmittel besser erläutert und optimal eingesetzt werden können, sind sie von mir in vier Bereiche eingeteilt worden.

Seit 1986 habe ich verschiedene Vitalisierungsmittel ausprobiert und mich intensiv mit ihren Einsatzmöglichkeiten beschäftigt. Denn besonders homöopathische Mittel haben bei naturnaher Bewirtschaftung eine vorbeugende sowie heilende Wirkung.

Vitalisierungsmittel können in folgende Gruppen eingeteilt werden:

• **Informationsübertragung** • **Homöopathische Mittel**	Signalstoffe für Abwehrreaktionen Impulse für Immunisierung
• **Symbioseförderung**	Induzierte Resistenz aktivieren
• **Mobilisatoren**	chemisch, systemisch aktivierte Resistenz

Pflanzen-Vitalisierungsmittel

Rückblickend auf mehr als zehn Jahre intensivster Beschäftigung mit homöopathischen Mitteln, komme ich zu folgenden Feststellungen:

- eine große, die Homöopathie befürwortende Gruppe steht einer ablehnenden Gruppe gegenüber (ebenso wie im Bereich Humanmedizin)
- ein großer Teil der Befürworter kennt häufig schon die Regeln der auf Menschen und Tiere angewandten Homöopathie. Es besteht eine positive Einstellung zu sanften Heilmethoden. Vorbeugen ist besser als heilen
- die Anwender von homöopathischen Präparaten nehmen sich mehr Zeit zum Beobachten. Die Behebung der Ursache wird angestrebt
- bei der Anwendung homöopathischer Mittel für Pflanzen besteht erhebliche Unsicherheit. Die Anleitungen für die einzelnen Einsatzbereiche sollten noch präziser werden
- in seltenen Fällen kann bei der ersten Anwendung eine Verschlechterung des Zustandes der Pflanze eintreten
- bei richtiger Anwendung sind ausgezeichnete Resultate möglich
- der optimale Einsatz liegt im Bereich der biologischen/naturnahen Bewirtschaftung
- in Gewächshäusern, bei Topfpflanzen, Kultursubstraten und bei Spezialkulturen sind betriebseigene Versuche angebracht

Mit Homöopathie ist die perfekte naturnahe Bewirtschaftung möglich

Sanfte Medizin für den Garten

In einem Freilandversuch wurden verschiedene Parzellen mit der gleichen, speziell für diesen Versuch gemischten Erde (ca. 15 cm stark) versehen. Die Aussaat erfolgte mit einer Kräuter-/Grassamen-Mischung (1:1). Ohne Düngerbeigabe war nur ein spärliches Gras- und Kräuterwachstum feststellbar. Insgesamt bot sich das Bild einer ungenügenden Leistung.

Mit einem Rasendünger konnte der Graswuchs wesentlich gesteigert werden; hierdurch wurde allerdings den Kräutern ihre Entwicklungsgrundlage entzogen. Sie hatten durch die Beigabe nur geringe Möglichkeiten sich zu entwickeln. Mit einem homöopathischen Pflanzenstärkungsmittel entwickelte sich die gewünschte Kräuter-/Gras-Mischung in einem optimalen Verhältnis.

»Medizinal-Gras« für Kühe und Schafe

Dieses Beispiel ist typisch. Auch in der Landwirtschaft konnte eine Reihe gleicher Beobachtungen gemacht werden. Für Kühe und Schafe ist diese Mischung viel schmackhafter. Diese Kräuter-/Gras-Zusammensetzung könnte man als »Medizinal-Gras«, respektive »Medizinal-Heu«, bezeichnen. Die Tiere bleiben gesünder, benötigen keine Medikamente, und die Jauche ist pflanzenverträglicher. Homöopathische Mittel optimieren diesen Kreislauf. Beim Einsatz homöopathischer Mittel können sowohl im Garten als auch im Pflanzenanbau folgende Ergebnisse erwartet werden:

- schwache Pflanzen werden stark, starke Pflanzen bleiben stark
- es wird ein artgerechtes und standortrichtiges Wachstum erreicht
- Obst und Früchte besitzen intensivere Farben
- Krankheiten und Schädlingen bleiben weitgehend aus
- die Stresstoleranz wird verbessert
- die Bodenstruktur wird erheblich verbessert. Damit wird zugleich die Wasserhaltekapazität im Boden erhöht

3. Ein Paradies am Bodensee

Ewald Kleiner

Träume vom paradiesischen Garten

Träume vom eigenen grünen Paradies scheitern fast immer an begrenzten Möglichkeiten. Ob im eigenen Garten, in Schulen oder öffentlichen Anlagen: Der Aufwand für einen, auch naturnah gepflegten Garten ist erheblich. Neuanlagen benötigen Jahre für Aufbau und Eingliederung. Mangelnde Kenntnisse, durch Baumaßnahmen verdichtete Erde, falsche Pflanzenauswahl und nicht zuletzt unzureichende Pflegemaßnahmen lassen viele Gärten zu einem Risiko oder sogar Reinfall werden.

Der Weg zum paradiesischen Garten ist mit viel Pflege verbunden

Nicht jedoch im Wild- und Freizeitpark Allensbach am Bodensee *(ParkOase),* wo seit Frühjahr 1997 die vielfältige Pflanzenwelt, ökologisch wertvoll aufbereitet, auf kleinstem Raum individuell und hautnah präsentiert wird.

Foto: Ewald Kleiner

Blumenwiese der Allensbacher ParkOase

Entscheidend für die kurzfristige Umsetzung angestrebter Ziele war der Einsatz homöopathischer Mittel. Wo wenige Wochen vorher noch ein Chaos herrschte, aufwendige Baumaßnahmen und eine dadurch strapazierte Pflanzerde jeden Glauben an einen naturnahen Garten verdrängten, verwirklichte sich in kürzester Zeit die Vision vom kleinen, grünen Paradies in strahlend lebendigem Grün und unzähligen Blüten.

Der Gedanke, im Wild- und Freizeitpark Allensbach die vielfältige, vorwiegend heimische Pflanzenwelt in einem naturnah angelegten Garten übersichtlich darzustellen, wurde bereits in den achtziger Jahren diskutiert. Doch sollten Jahre vergehen bis 1996 der Spatenstich für die ca. 1.000 m² große Anlage im Herzen der Halbinsel Bodanrück, unweit von Konstanz, vollzogen werden konnte. Dank großzügiger Investitionen, Sponsoring-Beiträgen deutscher und Schweizer Firmen und nicht zuletzt durch meinen Einsatz entstand in einjähriger Bauzeit ein »grünes Klassenzimmer«, das bezüglich seiner Konzeption, Präsentation und Langzeitpflege wohl einmalig ist.

Natur hautnah und pur erleben

Ein grünes Klassenzimmer

Unter dem Motto »Natur hautnah und pur erleben« werden nicht nur Schüler angesprochen. Die *ParkOase* hat sich zur Aufgabe gesetzt, Leitbilder zu vermitteln:

- die Beziehung zur Natur wecken
- Lebensräume erkunden und vertiefen
- mit der Natur leben
- verborgenes Leben anschaulich machen
- Besucher anregen, aus der Natur zu lernen (über Küchenkräuter, Heil- und Giftpflanzen)
- Wechselbeziehungen zwischen Pflanzen und Tieren entdecken
- Produkte aus der Natur für die Natur (z.B. homöopathische Mittel) einsetzen
- Anregungen zum Nachmachen geben

Ökologie und Homöopathie ergänzen sich ideal

Daß in der *ParkOase* die Homöopathie einen besonderen Stellenwert einnimmt, ist fast selbstverständlich. In einem Garten der Natur, in dem die schonende Bearbeitung des Bodens mit Sauzahn oder Grabgabel quasi zur Tagesordnung gehört, kosmische Einflüsse Berücksichtigung finden und ein besonders ökologisches Mulchmaterial aufgebracht wird, kann letztendlich nur mit einem hochwertigen Vitalisierungspräparat das gewünschte Resultat erzielt werden.

Zwischen wilder Schönheit und üppigem Wachstum

Etwa 200 Meter gut begehbare, weitgehend rollstuhlgerechte Wege mit Kies-, Rinde- und Steinbelägen bringen die Besucher zu allen gewünschten Beobachtungs- und Standplätzen. Der Rundgang beginnt im Bienengarten, wo auf kleinstem Raum über 100 typische Arten vorwiegend einheimischer, aber auch fremdländischer Bienenfutterpflanzen stehen, die den Eindruck eines Bauerngartens vermitteln. Hier kann die Symbiose zwischen Insekten und ihren Blüten hautnah beobachtet werden. Den Randbereich säumt eine Blumenwiese mit nahezu 50 verschiedenen Pflanzen; dazwischen eine Formhecke aus Wildsträuchern und nicht zuletzt der Steingarten, der vom Frühling bis zum Herbst ausdauernd blüht.

Der Steingarten blüht von Frühling bis Herbst

Foto: Ewald Kleiner

Steingarten der ParkOase

Ein Areal für Wildblumen

Die Fülle interessanter Pflanzen gibt Anregungen für große und kleine Gartenfreunde. Unübersehbar ist der Sommerblumenteppich mit über 25 verschiedenen Wildblumen. Alle in diesen Bereich integrierten Gehölze, Stauden und Einjahrespflanzen wurden bereits bei der Pflanzung beziehungsweise Aussaat mit homöopathischen Mitteln gegossen. Der Erfolg war überwältigend. Nehmen wir nur dieses Beispiel: Sommermargeritenblüten waren um ein Drittel größer und blühten 14 Tage länger als ihre Verwandten, die an anderen, vergleichbaren Standorten wuchsen.

Gelber Enzian

Homöopathischer Humus

Wo viele Pflanzen sind, fallen zwangsläufig mit jeder Pflegearbeit große Mengen organischer Substanzen an. Gleichzeitig wird Humus benötigt. Auch in der *ParkOase* durfte ein Komposthaufen natürlich nicht fehlen. Mit homöopathischen Mitteln wurden ausgezeichnete Verrottungsergebnisse erzielt. Diese Kompostmittel vollzogen ihr Werk in nur sechs Wochen. Zur Freude der Gärtner produzierten sie erstaunlich hochwertige Erde.

Kristallklares Wasser

Die Trockenmauer der *ParkOase* gilt als nachahmenswertes Biotop. Auf den darüberliegenden Hangpartien finden sich vorwiegend subalpine Pflanzengesellschaften in einer Gesteins- und Hochstaudenflur mit Eisenhut, Gelbem Enzian, Hauswurzarten, Lupine, Mauerpfeffer, Silberdistel und anderen. Die rasche Eingewöhnung empfindlicher Hochgebirgspflanzen war nur durch die gezielte Anwendung von homöopathischen Vitalisierungsmitteln möglich.

Inmitten des Naturgartens steht die Kräuterspirale. Sie ist von über 40 verschiedenen Pflanzen besiedelt, fast die Hälfte sind Kräuter. Jedes Kraut hat seinen eigenen Duft und wird in Speisen oder Tee individuell verwendet. Die lose aufgeschichteten Steine der Kräuterspirale bieten in ihren Fugen jenen Pflanzen Platz, die bereits beim Einsetzen mit homöopathischen Mitteln gegossen wurden und in wenigen Wochen ihre endgültige Wuchsgröße erreichten. Das am Fuße der Kräuterspirale angelegte Wasserauge zeigte zwei Wochen nach Fertigstellung unter Anwendung von Vitalisierungsmitteln kristallklares Wasser.

Foto: Ewald Kleiner

Der Steinteich mit homöopathisch behandeltem Wasser

Wilde Schönheit

Am Weg zum Wildsträuchergarten stehen über 40 verschiedene Pflanzen in Anlehnung an Zickzack-Klee/Odermenning-Säume. Auch hier wurde das an Blütentagen oberflächlich eingearbeitete Saatgut sogleich mit den homöopathischen Vitalisierungsmitteln begossen. Dazwischen imponiert die Vielfalt der Wildsträucher: Berberitze, Buchsbaum, Ginster, Pfaffenhütchen, Seidelbast, Stachelbeere, Stechpalme, Weißdorn, Gemeiner und Wolliger Schneeball - um nur einige zu nennen. Eine urwüchsige Atmosphäre bringen Totholzhaufen und der ebenfalls homöopathisch behandelte Krötenteich (der innerhalb von 17 Tagen von einer Kloake zu einem Schmuckstück mit optimalem Teichwasser wurde) mit feuchtem Saum in Anlehnung an Mädesüß-Hochstaudenfluren. Die homöopathische Behandlung beschleunigte im Teich den Zellteilungsprozeß bioaktiver Mikroorganismen (insbesondere von aeroben Bakterien) und den nachfolgenden Abbau von Schad- und Schwebstoffen wie auch bereits vorhandener Algen. Diese organischen Substanzen sinken allerdings nicht auf den Grund des Teiches, sondern lagern sich am Rand ab und dienen dort als Dünger für zahlreiche Pflanzen. Mit der Klärung des Wassers normalisierte sich die Assimilation der Pflanzen, und der Sauerstoffgehalt erreichte den für die Wasserqualität erforderlichen Normalwert.

Weißdorn

Üppiges Wachstum

Wie ein breites Band zieht sich ein Steinwall durch die Parkanlage. Kalksteinblöcke, individuell gesetzt, wurden zur Heimat interessanter Pflanzen. In einer Schuttflur wachsen sogenannte *Hungerkünstler* (Pflanzen, die sehr anspruchslos sind). Davor entstand ein Halbtrockenrasen mit über 50 verschiedenen Pflanzen. Leider wurde dieses Gelände nach der Einsaat durch unnötiges Begehen unbelehrbarer Parkbesucher reichlich geschädigt. Die Erde war so fest und ohne Saataufgang, daß über eine nochmalige Aussaat diskutiert wurde. Doch nach nochmaligem Begießen mit einem Vitalisierungsmittel keimten innerhalb von zehn Tagen so viele Wildblumen, daß die totgeglaubte Erde begrünt und sechs Wochen später mit Blüten übersät war.

Fingerhut

Ansehnliche Findlinge und Baumstümpfe dekorieren den Waldsaum. Im Laufe des von Wetterkapriolen bestimmten Jahres 1997 wurde dieser freie Standort zu einem bevorzugtem Platz für zahlreiche schattenliebende Pflanzen. Dank homöopathischer Mittel zeigen dort Pflanzen wie Alpenveilchen, Christrosen, Glockenblumen, Immergrün, Leberblümchen, Maiglöckchen, Roter Fingerhut, Seidelbast und viele andere Waldbewohner üppiges Wachstum und satte Blütenfarben vom späten Winter bis zum Herbst.

Glockenblume

Tummelplatz für Schmetterlinge

Im 50 m² großen Schmetterlingsgarten bieten sich für Tier- und Pflanzenliebhaber unzählige Beobachtungsmöglichkeiten. Ob Steinwall oder Trockenmauer auf kleinstem Raum, Futterpflanzen für Schmetterlingsraupen oder Nektarquellen für Tag- und Nachtfalter: In diesem gartenarchitektonisch aufwendig gestalteten Teil des »grünen Klassenzimmers« wimmelt es geradezu von Anregungen. Gerade hier wurde deutlich, daß durch eine Samentüte kein schmetterlingsgerechtes Biotop entstehen kann. Es ist vielmehr das Gesamtkonzept des naturnahen

Gartens, das Falter stärker anlockt und sie verweilen läßt. Das reichhaltige Nahrungsangebot für Schmetterlinge wurde durch Entfernen abgeblühter Pflanzenteile sowie wiederholtes Ausbringen homöopathischer Mittel erzielt.

Sonnenhut

Ausgeprägte Düfte

Der Heilpflanzengarten zählt zu den »Highlights« der *Oase.* Drei Dutzend verschiedene Heilkräuter, in individuelle Lebensräume integriert, vermitteln eine eng an der Natur orientierte Lebens- und Heilweise. Größere Anpflanzungen von Alant, Baldrian, Johanniskraut, Mariendistel, Roter Sonnenhut, Salbei, Thymian, Wermut, Ysop und Zitronenmelisse und vielen anderen Pflanzen zeugen von der unendlichen Vielfalt der »Apotheke der Natur«. Durch den Einsatz homöopathischer Mittel wurde das Anwachsen der Heilkräuter beschleunigt und die Ausbildung ihrer Blätter und Blüten sehr positiv beeinflußt. Ihr eigentliches Qualitätsmerkmal ist, daß ihnen Schädlinge und Krankheiten fehlen, andererseits besitzen sie ein volles Aroma sowie einen ausgeprägten Duft. Qualitäten, die nur durch den konsequenten Einsatz von Homöopathie erreicht werden konnten.

Alant

Homöopathie im Gemüsegarten

Jeder, auch der kleinste Garten, hat seine eigene Faszination. Doch nur selten entspricht ein Garten den Idealvorstellungen, die man sich vielleicht von ihm gemacht hat. Oftmals wird die Erinnerung an alte Bauerngärten wach. Wuchs dort nicht eine Vielzahl von Pflanzen harmonisch und in einer ungeahnten Qualität nebeneinander: meterhohe Stockrosen, Madonnenlilien, Dahlien und Küchenkräuter? Und wer genauer hinsah, der entdeckte zwischen diesen wunderschönen Blumen und Kräutern knackige Rettiche, leuchtendrote Tomaten und appetitlichen Salat.

Alte Bauerngärten können Vorbilder für den eigenen Garten sein

Foto: Ewald Kleiner

Knackiger Salat aus dem Gemüsegarten

Selbstgezogenes Gemüse krönt das Gärtnerglück. Im besten Fall erzielt man einen größtmöglichen Nutzen auf geringstmöglicher Fläche bei höchstmöglicher Qualität in kürzester Zeit.

Tip

Folgende Faktoren sollten Sie bei der Gartenpflege berücksichtigen:
- bewährtes Saat- und Pflanzgut
- aktive Bodenpflege
- organisches Düngen, Lockern (Grabgabel, Sauzahn o.ä.)
- Mulchen
- Nutzung der Sonnenwärme (Kleinklima)
- Ausschaltung von Störfaktoren (zum Beispiel Wind)
- Ausnutzung der gegenseitigen Pflanzeneinflüsse
- zeitgerechtes Gießen und Düngen

Eine entscheidende Rolle kommt den Faktoren *aktiver Bodenpflege* und *zeitgerechtem Gießen und Düngen* zu. Die schonende Bodenbearbeitung, dazu Mulchen, Gründüngung und, je nach Nährstoffbedarf,[12] Einbringen von organischem Dünger aktiviert das Bodenleben. Organische Substanzen bedeuten Nahrung für die unzähligen Mikroorganismen und natürlich für den Regenwurm, dem unersetzlichen Helfer in jedem Gartenboden.

Organische Substanzen bedeuten Nahrung für die unzähligen Mikroorganismen

Je nach Jahreszeit sollte der Boden mit organischem Dünger versorgt werden. Kompost wird am besten im März/April fingerdick aufgetragen und mit dem Rechen mit der obersten Erdschicht vermischt. Wenn Sie mulchen, tun Sie dies bitte frühestens im Spätherbst nach dem ersten Frost. Damit verhindern Sie das schadlose Überwintern von Kleinschnecken.

[12] Es gibt Stark-, Mittel- und Schwachzehrer unter den Gemüsepflanzen. Daraus ergeben sich individuelle Düngeempfehlungen. Für eine grundsätzliche Bestimmung des Düngerbedarfs empfiehlt sich eine Bodenanalyse

Der Störfaktor Wind kann z.B. durch die Anpflanzung von wintergrünen Hecken oder durch die Errichtung von Zäunen und Mauern ausgeschaltet werden. Oftmals können Mindesterträge nur in Frühbeeten oder Kleingewächshäusern, also in windgeschützten Kulturmöglichkeiten, erzielt werden. Wasseradern und Bodenverwerfungen können weitere mögliche Störfaktoren für die Kultivierung von Pflanzen sein.

Ein weiterer wichtiger Faktor ist die *Ausnutzung der gegenseitigen Pflanzeneinflüsse*. Damit ist die Verträglichkeit der einzelnen Gemüsearten untereinander gemeint. Es gibt Pflanzen, die sich gegenseitig fördern oder hemmen, und Pflanzen, die neutral sind. Hemmende Faktoren können Duftstoffe und Wurzelausscheidungen sein oder der Befall von Pflanzen mit Schädlingen und Krankheiten, der ebenfalls negative Auswirkungen auf benachbarte Pflanzen haben kann. Die beste Möglichkeit für ein Miteinander zum Nutzen aller Pflanzen ist die Mischkultur.

Kosmische Einflüsse sind in der Pflanzenpflege nicht unbedeutend

Zeitgerechtes Gießen und Düngen bedeutet, daß Sie nur dann wässern oder düngen sollten, wenn die Pflanzen Wasser und Nährstoffe benötigen. Auch die kosmischen Einflüsse sind in der Pflanzenpflege nicht unbedeutend. So sollte man die Pflanzen im Frühjahr und im Herbst möglichst nur vormittags, im Sommer möglichst nach Sonnenuntergang gießen.

Den homöopathischen Pflanzenpflegemitteln kommt im Gemüsegarten eine wichtige Rolle zu. Dank ihren ausgewogenen Zusammensetzungen (s. u.) füllen sie die Lücken in einem durch zahlreiche, nicht kalkulierbare Störfaktoren bedingten System. Es ist deshalb sehr wichtig, mit der

Anwendung von Aktivierungs- und Vitalisierungsmitteln bereits im Aussaatstadium zu beginnen. Man behandelt schon das Saatgut, gießt Samen und Setzlinge sachgerecht mit homöopathischen Hilfsmitteln an, besprüht die eingebrachten Pflanzen und bringt den Wirkstoff in die Erde – denn letztlich gehört der größte Teil der Substanzen an die Wurzeln.

Tip

Bei zahlreichen Pflanzen wie Broccoli, Gurken, Melonen, Paprika, Tomaten hat sich das folgende Verfahren bewährt: Entweder größere Blumentöpfe unmittelbar im Wurzelbereich in die Erde senken, in die dann bei Bedarf gegossen wird, oder Flaschen füllen und umgekehrt etwa 10 cm in die Erde drücken. Wird die Erde trocken, läuft automatisch das wohltemperierte Wasser aus der Flasche an die Wurzeln der Pflanzen.

Gemüsepflanzen vertragen am besten wohltemperiertes Wasser

Entscheidend für die Wirkung eines homöopathischen Mittels ist der biologische Wirkstoffkomplex von Pflanzennährstoffen (Stickstoff, Phosphor, Kalium, Magnesium, Kalzium) und Spurenelementen (Eisen, Kupfer, Kobalt, Mangan, Bor, Zink, Vanadium, Molybdän, Silizium, Germanium, Uronsäure) in Potenzstufen von D6 bis D200.

Im Jahr 1997 begonnene Feldversuche mit homöopathischen Mitteln zur Bekämpfung von echtem Mehltau an Gurkengewächsen und Reben sowie der Braunfäule an Tomaten brachten deutlich erkennbare positive Ergebnisse.

Blütenpracht ohne Ende

Für einen prächtigen Blumengarten steht eine Vielzahl von Arten und Sorten zur Verfügung

Ein Garten ohne Blumen? – Eine Vorstellung, die abwegig scheint. Wer es versteht, aus der Vielzahl der Arten und Sorten eine geschickte Auswahl zu treffen, hat rund um das Jahr Freude am Blumengarten. Doch die Blütenpracht kommt nicht von selbst. Die obengenannten Punkte spielen auch im Ziergarten eine wichtige Rolle und können ohne Einschränkungen übertragen werden.

Ob blütengeschmückte Gartenbeete, Kübelpflanzen oder Balkonblumen:

Die Homöopathie läßt die Pflanzen
- zeitiger blühen
- erhöht die Blühfreudigkeit und
- stärkt die Abwehrkräfte

Auch hier unterstützt eine 1–2 cm dicke Mulchschicht die Wirkung des homöopathischen Mittels.

Mehr Freude mit Tillandsien

Man sagt, daß sie von *»Luft und von der Liebe leben«*. Tatsächlich sind Tillandsien die anspruchslosesten Pflanzen überhaupt. Ihre Wurzeln spielen eine völlig untergeordnete Rolle, viele von Ihnen sind sogar wurzellos. Mit über 400 Arten bilden sie die größte Gattung innerhalb der Familie der *Bromelien* (Ananasgewächse). Sie wachsen von Florida bis Südamerika, tropisch bis subtropisch, im kühlen Bergwald, auf Bäumen, Kakteen, Felsen, ja auch auf Telefonleitungen.

Foto: Ewald Kleiner

Tillandsien mit besonderem Wuchs

Man unterscheidet grüne und graue Tillandsien. Letztere sind richtige Pflanzen der Lüfte. Sie nehmen Wasser und Nährstoffe mit ihren Saugschuppen auf. Wer sie im Sommer täglich mindestens einmal mit kalkfreiem Wasser besprüht (tauchen ist übrigens auch empfehlenswert), hat lange Freude an ihnen. Wie jahrelange Beobachtungen zeigen, können diese Pflanzen langfristig nur mit individuell aufgeschlossenen Nährstoffen optimal wachsen und blühen. Mit homöopathischen Mitteln erreicht die Tillandsien-Pflege eine neue Qualität. Die darin enthaltenen Sub-

Tillandsien sind Pflanzen der Lüfte

stanzen ersetzen die an ihrem Heimatstandort vorwiegend durch Vögel eingebrachten Nährstoffe.

Tip

Tillandsienpflege:
Von Frühjahr bis Herbst einmal wöchentlich mit 3 ml auf 1 Liter Wasser, im Winter alle vierzehn Tage, besprühen oder tauchen. Dies gilt auch für grüne Arten, die, da sie in Orchideensubstrat wachsen, nicht nur besprüht, sondern auch gegossen werden.

Foto: Ewald Kleiner

Orchideenpracht durch Homöopathie

Orchideen, Kakteen und andere Zimmerpflanzen

Andere Bromelien sowie Orchideen und zahlreiche auch pflegeintensivere Zimmerpflanzen erfuhren nach der kurmäßigen Anwendung homöopathischer Mittel eine auffallende Reaktivierung:

- auffallend üppiges Wachstum
- farbschöne Blattzeichnung
- frühere Blüte
- mehr Blüten
- farbintensivere und größere Blüten
- längere Blühdauer und geringere Anfälligkeit

Hydrokulturen

Bemerkenswert sind die Resultate eines Versuchs mit stark vernachlässigten Pflanzen in Hydrokulturen. Zehn zum Wegwerfen verurteilte, teilweise blattlose Zimmerpflanzen wurden nach dem Rückschnitt mehrmals mit einem Pflanzenvitalisierungsmittel gegossen. Alle Pflanzen erholten sich innerhalb von vier Wochen und waren nach drei Monaten so üppig entwickelt, daß sie nicht mehr wiederzuerkennen waren.

Die Hydrokulturen erholten sich innerhalb von vier Wochen

Kakteen und andere Sukkulenten

Oft beginnt die Liebe zu Kakteen und anderen *Sukkulenten* (Pflanzen mit besonderen Wassergeweben) mit einem Ableger. Auch Angeboten der Gärtnereien, von Blumengeschäften und Gartencentern können Kakteenfreunde manchmal nur schlecht widerstehen. So reiht sich bald Topf an Topf. Leider wird man aber häufig feststellen müssen, daß sich nicht jede Pflanze an ihrem Standort wohlfühlt. Während einige die liebevolle Pflege mit schnellem Wachstum und reicher Blüte belohnen, vegetieren andere dahin. Hier wird deutlich, daß es fast unmöglich ist, die Vielfalt der Ansprüche auf kleinstem Raum zu vereinen. Mit individuellen Pflegemöglichkeiten wie pflanzengerechten Standorten in der Wohnung, einem Sommerplatz im Freien, Unterbringung im Blumenfenster, Kleingewächshaus oder Wintergarten kommt man den Bedürfnissen der Pflanzen näher. Weitere positive Einflüsse üben Substrat, Wasserqualität und Düngung aus. Als Schlüssel zum Erfolg jedoch gelten die homöopathischen Pflanzenstärkungsmittel. Nach mehrjährigem Einsatz in meiner umfangreichen Sammlung von Kakteen und anderen Sukkulenten zeichnen sich folgende Vorteile ab:

- bessere Keimergebnisse
- schnellere Bewurzelung von Stecklingen
- kaum Ausfälle beim Pikieren
- schnelleres und dabei gesünderes Wachstum
- frühere und reichere Blüte
- problemlosere Angewöhnung an neue Standorte
- erhöhte Resistenz gegenüber Schädlingen und Krankheiten

Liebevolle Pflege wird mit reicher Blüte belohnt

Auffallend positiv wirken sich die Pflanzenmittel auf epiphytisch[13] wachsende Kakteen wie *Epiphyllum, Hatiora, Rhipsalis, Schlumbergera* und *Selenicereus* aus. Bereits nach dreimonatiger Anwendung zeigen sich durch die beschleunigte Entwicklung des Wurzelgeflechts regelrechte Wachstumsschübe. Bei den anderen Sukkulenten wurden Arten von 20 Gattungen in ein Versuchsprogramm aufgenommen. Die Aussaat empfindlicher Arten sowie Stecklingsvermehrung von Arten der Gattungen *Euphobia, Orbea* und *Stapelia* standen im Vordergrund.

Die Ergebnisse wie

- bessere Keimung
- kaum Ausfälle und
- schnellerer Aufwuchs
- frühere Blüte

sind bemerkenswert und ermutigen zu weiteren Versuchen, um die Effizienz homöopathischer Mittel auch auf anderen, bislang nicht betretenen Gebieten des Pflanzenanbaus zu beweisen.

[13] *Pflanzen, die auf anderen Pflanzen wachsen, sich aber selbständig ernähren*

4. Homöopathie für Rosen

Lioba Riedel-Laule

Die spätere Entwicklung einer Rose wird durch die Qualität der Jungpflanze geprägt. Ist diese mangelhaft, kann die Rose zwar durch den Einsatz homöopathischer Mittel »hochgepflegt« werden, doch bedeutet das, daß sie mindestens ein Jahr lang während der Vegetationsperiode alle 14 Tage lang mit den genannten Mitteln gegossen werden muß.

Eine gute Qualität von Rosen wird bei der Kultivierung erreicht durch:
- die Güte der »Unterlage«, insbesondere durch die Beschaffenheit der Wurzel, auf welche die Edelreiser okuliert wurden
- die Okulation selbst
- die Stärke und Sortenechtheit der Edelreiser
- den Pflanzenabstand
- den Standort der Jungpflanzen

Rosen wie sie »im Buche« stehen

Die Heimat der von uns verwendeten Jungrosen ist England. Der Golfstrom sorgt dafür, daß kalte Winter, wie in Mitteleuropa, entfallen. Darüber hinaus regnet es häufig genug, um Wassermangel auszuschließen. Der vom Meer kommende Wind verhindert allerdings übermäßige Feuchtigkeit.

Wir sind bemüht, Rosen wie sie »im Buche« stehen zu züchten. Im Falle alter, historischer Rosen trifft dieses wörtlich zu – denn Wuchshöhe, Blühverhalten, Blütenfarbe und -form verschiedener Rosenarten wurden bereits zu Zeiten der Kaiserin *Josephine* von Frankreich vom Botaniker *Thory* genau definiert.

Zu jener Zeit waren Rosen groß in Mode - durch ihre Seltenheit und ihren Wert allerdings überwiegend Kirche und Monarchie vorbehalten. Kunstdünger, wie wir ihn heute kennen, gab es damals noch nicht. Nur sehr erfahrene Gärtner durften die Rosen pflegen und düngten beispielsweise mit kompostiertem Mist; doch auch Horn- und Blutmehl wie auch Algen und tierisches Fett wurden häufig verwendet. Durch den Brand von Holz und Kohle war genügend Schwefel in der Luft. Dieser sorgte dafür, daß die Rosen damals gegenüber Pilzkrankheiten weit weniger anfällig waren. Heute erleben wir eine Renaissance dieser Rosen. Die Zeiten haben sich geändert, und fast jeder kann sich Rosen leisten. Allerdings ist nicht jeder Rosenliebhaber gleichzeitig ein Rosenkenner, und nicht jede Gärtnerei berät ihre Kunden immer richtig.

Rosen sollten nicht zu schattig stehen, da Triebe und Blätter nach Regen zu lange naß bleiben

Standort und Auslichtung von Rosen

Häufig wird der Standort von Rosen falsch ausgewählt: Plätze, an denen während der letzten 6 Jahre andere Rosen standen, werden von den neuen Rosen schlecht angenommen. Hier muß der Boden großflächig ausgetauscht werden. Die Erde an solchen Standorten ist völlig ausgelaugt. Zudem enthält sie *Nematoden* (Fadenwürmer) und Pilzgeflechte - auch wenn diese die gesunde, richtig gepflegte Rose keineswegs gefährden.

Durch einen schattigen Standort bleiben Triebe und Blätter zu lange naß, die Anfälligkeit für Pilzerkrankungen ist groß. Dasselbe gilt für einen völlig windgeschützten Platz sowie für die Nähe etablierter Rosen - oder großer Sträucher und Bäume. Hier sollte ein Sicherheitsabstand eingehalten werden, der je nach ausgewählter Rosensorte unterschiedlich groß ist.

Bei den oben beschriebenen Standortproblemen kann im Ernstfall nur ein Standortwechsel oder bei zu enger Pflanzung ein Auslichten der Rosen helfen. Dies sollte möglichst im ersten Spätjahr erfolgen, sobald das Problem erkannt worden ist, bevor die Rosen in ihre Winterruhe eintreten (Ende Oktober/Anfang November). Vor dem Einpflanzen an einem neuen Standort werden die Triebe um ein Drittel gekürzt, alle *schwachen* Triebe werden ausgeschnitten. Bei Kletterrosen lassen wir noch eine Trieblänge von ca. 1 Meter. Die Wurzeln werden gekürzt, der Wurzelballen sollte in eine runde Form gebracht werden. Die dicksten Wurzeln sind die Hauptwurzeln der Rosen. Diese sollten noch um einige Zentimeter mehr als alle übrigen gekürzt werden. Nach der Pflanzung wird mit einer 1%igen homöopathischen Lösung gewässert.

Geschädigte Rosen müssen besonders gut gegen Frost geschützt werden

Bereits geschädigte Pflanzen sind anschließend gut gegen Winterfröste zu schützen. Dies wird durch vorschriftsmäßige Pflanzung (die Veredelungsstelle sollte sich eine Handbreit in der Erde befinden) und Anhäufeln mit Erde, Kompost, Blättern und Tannenreis erreicht. Ein zusätzliches Abdecken mit Stroh- und Schilfmatten gibt weiteren Schutz.

Im folgenden Jahr sollte während der Vegetationsperiode alle 2 Wochen mit einer 1%igen homöopathischen Lösung gegossen werden. Dies regt die Ausbildung neuer, gesunder Saugwurzeln an. Die Rosen erholen sich zusehends.

Vor drei Jahren, so erzählte uns eine Kundin, hat bei ihr ein renommierter Gartenbaubetrieb ein Rosenbeet angelegt, in welchem nur einige der am Rand gepflanzten Rosen gediehen, der Rest dagegen verkümmerte, kaum blühte und bereits Anfang August keine Blätter mehr trug. Auf die Frage, wie groß der Abstand zwischen den einzelnen Pflanzen sei, antwortete sie, es sei gar kein Abstand zu erkennen. Tatsächlich waren es nur ca. 10–15 cm von Pflanze zu Pflanze. Probleme durch zu engen Pflanzabstand bei der Neupflanzung sind vorprogrammiert: Werden Rosen zu dicht gepflanzt (bei kleinwüchsigen Rosen bis 60 cm Höhe ist ein Abstand von 35 cm akzeptabel), wird die Nahrungskonkurrenz zu groß. Es kann gar nicht so viel gedüngt werden, um die Nahrungsbedürfnisse der einzelnen Rosen zu befriedigen. Außerdem geraten die Rosen in eine Art »Streß«, wie dies auch bei einer Überpopulation von Tieren sowie bei Monokulturen der Fall ist.

Ein großzügiger Pflanzenabstand ist wichtig

Wir empfahlen unserer Kundin, vor dem Frost die Rosen auszulichten, damit zwischen den einzelnen Pflanzen ein Abstand von etwa 35 cm entstünde. Daß die Wurzeln der verbleibenden Rosen dabei teilweise gekappt wurden, war unumgänglich. Im folgenden Frühjahr und während der gesamten Vegetationsperiode wurde alle 14 Tage mit einer 1%igen homöopathischen Lösung gegossen. Die homöopathisch gepflegten Rosen entwickelten sich ausgezeichnet und überstanden den harten Winter hervorragend. Rosen in einem anderen Beet, die nicht zu den Problem-Rosen zählten und nicht mit homöopathischen Mitteln behandelt worden waren, erfroren.

Rosenkrankheiten durch Nährstoffmangel

So zäh die Rose als Gehölz ist, so sehr ist sie auch ein Gourmet. Sie entzieht ihrem Standort in kurzer Zeit alle Mineralstoffe und Spurenelemente.

Folgende Symptome sind deutliche Hinweise auf Nährstoffmängel:[14]

- die Ränder der Blätter verfärben sich dunkel:
  Kaliummangel
- junge Blätter sind hellgrün, manchmal bilden sich rote Flecken. Diese Blätter fallen frühzeitig ab, die Triebe sind dünn und schwach:
  Stickstoffmangel
- junge Blätter sind klein und dunkelgrün, auf der Unterseite bilden sich kleine, dunkelrote Punkte. Sie fallen frühzeitig ab, die Triebe sind schwach:
  Phosphormangel
- das Blattzentrum ist hell verfärbt, in der Nähe des Blattskeletts gibt es bereits abgestorbene Bereiche. Ältere Blätter sind am meisten geschädigt und fallen frühzeitig ab:
  Magnesiummangel
- die Blätter zeigen große, gelbe Bereiche, junge Blätter sind am meisten geschädigt und fast vollständig gelb:
  Eisenmangel
- gelbe »Bänder« zwischen den Blattadern. Am meisten betroffen sind die ältesten Blätter:
  Magnesiummangel

Rosen reagieren sehr empfindlich auf einen Mangel an Nährstoffen

[14] *Quelle: »The Rose Expert«, Dr. D.G. Hessayon*

Die in homöopathischen Mitteln enthaltenen Elemente decken den gesamten Nährstoffbedarf von Rosen durch Aktivierung vorhandener Nährstoffe ab. In unserer Rosenzucht ist beobachtet worden, daß die oben genannten Mangelerscheinungen bei Anwendung der Mittel in der von uns angewendeten Dosierung nicht in Erscheinung treten. Zur Gesunderhaltung und Pflege von Rosen bedeutet dies: Mit einer 1%igen Lösung während der Vegetationsperiode im 4wöchigen Abstand begießen.

Zeigt eine Rose die zuvor beschriebenen Symptome, ist dies gleichzeitig ein sicheres Indiz dafür, daß sie bereits geschwächt ist. Vor allem durch folgende Probleme, die sie als gesunde Pflanze ohne weiteres überstehen würde, weist sie Gefährdungen auf:

- kurzzeitige Staunässe
- kurzzeitige Wurzeltrockenheit
- Windbruch - vor allem bei Rank- und Kletterrosen
- Verletzung der Rinde
- zu harter Rückschnitt im Frühjahr
- lang anhaltender Frost im Winter
- Spätfrost, wenn der Neuaustrieb bereits begonnen hat

Rosenschädlinge können nur einer bereits angegriffenen Pflanze zusetzen

Rosenschädlinge

Rosenwurzeln bieten Nematoden und Pilzgeflechten reichlich Nahrung. Ist die Rose gesund, können ihr diese Schmarotzer wenig anhaben. Ist sie durch falsche oder fehlende Pflege geschwächt, werden ihr die Nematoden, die sich an ihren neu gebildeten Saugwurzeln laben, zusätzliche Lebenskraft rauben. Treten zusätzlich einige der oben beschriebenen Probleme auf, wird sie schwer geschädigt oder stirbt ab.

Saugende und fressende Insekten wie Blattläuse, Rosenzikaden und Raupen können zum Verlust von Knospen, Blättern und ganzen Trieben führen. Die in Pflanzenstärkungsmitteln enthaltenen Elemente (Phosphor, Kalium, Magnesium und andere) geben der Rose Kraft, mit ihren Schmarotzern leben zu können. Der Einsatz von Insektiziden entfällt.

Kunstdünger oder homöopathische Mittel?

Kunstdünger haben auf Rosen, vor allem auf die erwähnten alten und historischen Sorten, eine negative Wirkung: Die Triebe schießen ins Kraut, es werden reichlich Knospen angesetzt. Dieses ungestüme Wachstum mag im ersten Moment den Eindruck vermitteln, daß die Rose gesund ist. Allerdings trügt der Schein: Die Triebe werden schwammig, die Anfälligkeit für Krankheiten steigt, die Winterhärte sinkt erheblich. Einige in Kunstdüngern enthaltene Stoffe werden im Boden nicht abgebaut, akkumulieren sich über die Jahre und verändern den pH-Wert, der bei Rosen um 5,5 liegen sollte.

Einige in Kunstdüngern enthaltene Stoffe werden im Boden nicht abgebaut

Mit Kunstdüngern gedüngte Rosen zeigen mit der Zeit ihre ersten Krankheitssymptome. Dann wird es höchste Zeit, den Boden mit Naturprodukten zu verbessern und die Rosen mit homöopathischen Mitteln zu pflegen.

Die Einzigartigkeit dieser Substanzen zeigt sich in Härtefällen, insbesondere bei Pflanzen- und Bodenvergiftungen durch Unkrautvernichtungsmittel. Als passionierte Rosen-

Solange eine Rose noch geringe Lebenszeichen zeigt, kann man ihr mit Homöopathie helfen

züchterin bin ich immer wieder erstaunt, wie unbesorgt selbst Berufsgärtner mit diesen Chemikalien umgehen. Vor allem in Gärten, die der Öffentlichkeit zugänglich sind, wie Parkanlagen und Schloßgärten, werden die Wege zwischen den Rosenbeeten mit Unkrautvernichtungsmitteln begossen. Das ist zwar gut für die Optik - und vor allem weniger anstrengend als das mühsame Entfernen von Unkraut und Gras. Die am Rand gepflanzten Rosen kümmern und sterben aber langsam ab, auch wenn sie richtig gedüngt werden.

Solange eine Rose noch geringe Lebenszeichen zeigt, kann man ihr mit Homöopathie helfen. Das spricht für diese Mittel, denn chemische Pestizide - wie Kunstdünger - werden im Boden nur sehr langsam abgebaut und befinden sich zum Zeitpunkt der Behandlung noch lange im Boden.

Bei schwerer Schädigung der Rosen müssen homöopathische Mittel im 14tägigen Intervall während der gesamten Vegetationsperiode durchgegossen werden und in den darauffolgenden Jahren alle 4 Wochen. Bei wertvollen, bereits einige Jahrzehnte alten Rosen lohnt sich dieser Aufwand.

Die vielzitierte und gefürchtete Bodenmüdigkeit bei Rosen, die eine Pflanze nach einer gewissen Zeit einfach absterben läßt, rührt nach unseren Erfahrungen daher, daß sie an ihrem Standort schlichtweg verkommen und verhungern. Die in Pflanzenvitalisierungsmitteln enthaltenen homöopathisch dynamisierten Elemente geben der Erde all das zurück, was ihr die Pflanze entzog. Im Gegenzug kann sich die Rose rasch wieder erholen.

Die Buchautorin *Klara Buhl* berichtete, wie sie aus einer normalen, kaum duftenden roten Treibhausrose einen Rosenstrauch gezüchtet hat, der in der Saison alle 6 Wochen intensiv duftende Blüten bringt: Der Stiel der Rosen wird in den Boden gesteckt, wobei darauf geachtet werden muß, daß wenigstens zwei Augen im Boden sind und einige aus dem Boden herausragen. Angegossen wird mit einer 1%igen Verdünnung homöopathischer Mittel, anschließend alle 14 Tage wiederholen. So wird das Wurzelwachstum aktiviert.

Erfahrungen mit Rankrosen

In meinem Garten befinden sich diverse alte Rosensorten. Unter ihnen auch die sehr mächtig wachsende Rankrose *Bobby James* mit Trieblängen bis zu 8 Metern. Gegen Ende der Blühperiode trat bisher jedes Jahr ein eigenartiges Phänomen bei diesem Rosengewächs auf, welches ich mir nicht erklären konnte. Auch unser sehr erfahrener Züchter *John Scarman* wußte hier keinen Rat, da er es noch niemals vorher hatte beobachten können: Noch in der vollen Blüte verwelkten die einzelnen Blüten, die ganzen Blüten-Dolden hingen schlapp herunter, an den Triebspitzen nicht blühender Zweige verfärbten sich die Blätter gelb, und einige Triebe starben etwa einen halben Meter von oben ab. Die Rankrose setzte anschließend auch keine Hagebutten an.

Wir fragten uns, ob das an den reichlich sandigen Böden der Rheinebene liegen könne, auf denen früher Spargel angebaut wurde. Dort werden die vorhandenen Nährstoffe schnell wieder ausgeschwemmt, das Wasser läuft regelrecht durch, und die Erde trocknet schnell aus.

Nachdem ich auf homöopathische Mittel aufmerksam geworden war, probierte ich die Wirkung dieser Substanzen bei meiner Rankrose aus. Beim Austrieb, beim Ansetzen der Knospen und während der Blüte, wässerte ich die Rankrose mit einer 1%igen Lösung reichlich und gründlich. Um möglichst viele Wurzeln zu erreichen, wurden pro Anwendung 10 Liter der Lösung gegossen. Der Erfolg blieb nicht aus: Die Rose behielt Blüte und Triebe, setzte erstmals Hagebutten an und überstand den Winter ohne den geringsten Schaden zu nehmen.

Der Duft von homöopathisch gepflegten Rosen ist kräftiger

Dies beweist, daß die Rankrose während der Blühphase mit Nährstoffen unterversorgt war. Begünstigt durch den lockeren Sandboden wurden diese schneller ausgeschwemmt als bei lehmigeren Böden. Warum bei Rosen, die mit homöopathischen Mitteln gepflegt worden sind, der Duft kräftiger, die Blätter und Blüten größer, die Farben intensiver werden, liegt sehr wahrscheinlich daran, daß ein gesundes Wurzelwachstum angeregt wird. Hierdurch können Nährstoffe optimal aufgenommen werden.

Zusammenfassend empfehlen wir, homöopathische Mittel für Rosen wie folgt anzuwenden – wobei nicht von oben gegossen, sondern ohne Brausekopf am Fuß der Rose eingeschlämmt werden sollte:

Bei gesunden Rosen

- Stärkung der Widerstandskraft gegen Krankheiten und Schädlingsbefall
- Erhöhung der Winterhärte
- allgemeine Kräftigung (siehe Rankrose)
- Anregung von weiterer gesunder Wurzelbildung

Während der Vegetationsperiode alle 4 Wochen mit der 1%igen Lösung gießen.

Bei geschädigten, kranken Rosen

- Neubildung von gesunden Wurzeln
- Erhöhung der Widerstandskraft
- allgemeine Stärkung

Während der Vegetationsperiode alle 2 Wochen lang mit der 1%igen Lösung gießen.

Zur vorbeugenden Kräftigung von Rosen

Die Widerstandskraft der Rosen gegen Pilzkrankheiten wird durch homöopathische Mittel erhöht. Dies bedeutet jedoch nicht, daß Rosen durch die Behandlung absolut resistent gegen Pilzbefall werden. Der Lebenszyklus von Sporen (wie beispielsweise Sternrußtau und Rosenrost) verläuft in etwa wie folgt: Die befallenen Blätter sterben ab und fallen auf die Erde. Die Sporen gelangen in das Erdreich und überwintern dort. Durch spritzenden Regen und Bewässerungswasser kommen sie im Frühjahr erneut mit Blättern und mit Trieben in Kontakt. Sie überziehen diese mit einem Geflecht (ähnlich einem Spinnennetz), entziehen ihnen Nährstoffe und bilden neue Sporen. Das Blatt fällt ab und der Zyklus beginnt von vorn.

Mehltau beeinträchtigt die Schönheit des Rosenstrauches

Andere Pilzsporen, wie die des Mehltaus, fliegen mit dem Wind, lassen sich auf feuchten Teilen der Rosen nieder und vermehren sich anschließend. Sie überziehen Knospen, Blätter und Triebe mit einem weißlichen Belag.

Rosenrost und Sternrußtau schädigen Rosen beträchtlich, denn abfallende Blätter vermindern die Fähigkeit zur Photosynthese. Durch Photosynthese kann die Rose aber weitere Knospen austreiben und gesund bleiben. Mehltau schädigt Rosen nicht ganz so extrem wie Rosenrost oder Sternrußtau, beeinträchtigt jedoch die Schönheit des Rosenstrauches.

Durch Pilzerkrankungen abgefallene Blätter sollten nicht am Boden verrotten

Ein homöopathisches Mittel wurde speziell zur Verminderung der Anfälligkeit für Pilzerkrankungen entwickelt. Dieses dynamisierte Mittel wurde ein Jahr lang bei Rosen getestet. Nach meinen Erfahrungen bleiben selbst Rosen, die in den vergangenen Jahren regelmäßig unter Pilzerkrankungen litten – bis auf wenige Ausnahmen – gesund oder ihr Befall ging deutlich zurück. Wichtig ist, daß durch Pilzerkrankungen abgefallene Blätter aufgelesen und in der Verbrennungs-Mülltonne entsorgt werden, besser noch abgezupft werden, bevor sie auf den Boden fallen, und die Anwendung des Mittels während der gesamten Vegetationsperiode (d.h. beginnend mit der Ausbildung der ersten Knospen im beginnenden Frühjahr bis Anfang Oktober) in zwei- bis vierwöchentlichem Abstand erfolgt. Bei sehr pilzanfälligen Rosen sollte diese Behandlung alle 2 Wochen, bei weniger anfälligen Sorten alle 4 Wochen durchgeführt werden. Das Mittel wird am besten mit einer Spritze mit feiner Düse aufgebracht, da jeder Teil der Rose, einschließlich der Rückseiten der Blätter, mit der 10%igen Lösung benetzt werden sollte.

5. Erfahrungen mit der Homöopathie für Pflanzen

Immergrüne *Greens*: Wie ein Sportrasen in Topform gebracht werden kann

Hubert Müntefering

Golf- und Sportanlagen erfordern speziell angefertigte Gräsermischungen, da sie für die hohen Anforderungen des Spielbetriebes geeignet sein müssen. Aufgrund der sehr sensiblen Monokultur der »Grüns«, und vor allem wegen ihrer starken Belastung, sind die bespielten Flächen anfällig für Schädigungen mechanischer Art. Golf- und Sportplatzrasen können besonders schwere Erkrankungen bekommen und dadurch nachhaltig geschädigt werden. Hierzu zählen hauptsächlich *Pythium, Schwarzbeinigkeit, Phusarien* und andere Formen von Pilzerkrankungen.

Sportrasen ist hohen Belastungen ausgesetzt

Die Greenkeeper[15] von Rasenplätzen haben mit hohem Pflegeaufwand für immergrüne *Greens* zu sorgen. Das Qualitätsniveau des Rasens muß höchsten Standards genügen. Trotz ihrer permanenten Pflege können einige Faktoren das gewünschte Ergebnis beeinträchtigen: Erreger von Pilzerkrankungen werden über die Spikes der Spieler oder durch Pflegemaschinen, die hintereinander auf mehreren Plätzen eingesetzt werden, übertragen. Haben sich diese oft hartnäckigen Pilzerkrankungen einmal festgesetzt, sind sie nur schwer wieder zu entfernen. Eine entsprechende Gegenmaßnahme ist der Einsatz von chemischen Spritzmitteln (Fungizide). Leider töten diese nicht nur die unerwünschten Pilze ab, sondern beein-

[15] *Greenkeeper sind verantwortlich für die Rasenflächen*

trächtigen auch wichtige Bodenmikroorganismen sowie die Mykorrhiza in erheblichem Maße.

Da Rasentragschichten größtenteils aus Sandmischungen bestehen, ist das in ihnen befindliche aktive Leben von Mikroorganismen zumeist nur gering. Negative Faktoren, wie der zu häufige Einsatz von chemischen Spritzmitteln oder auch Fäulnisprozesse in der Rasentragschicht, können die Tätigkeit der Bodenorganismen endgültig stoppen. Letzteres geschieht häufig durch zu starke Oberflächenversiegelung oder Einlagerungen von ungeeignetem Kompostmaterial in der Tragschicht. Auch die geographische Lage und der Aufbau einer Anlage tragen zum Zustand eines Sportrasens bei. Sehr exponierte Lagen, wie im Mittelgebirge, in Meeresnähe oder in windstarken Gebieten, sind starken Umwelteinflüssen ausgesetzt.

Nur eine starke Wurzelstruktur kann die Pflanze auf Dauer ernähren

Grundvoraussetzung für ein hochwertiges *Green* ist der richtige Aufbau einer Rasenanlage. Nur wenige geeignete Sand- und Torfarten können hierfür eingesetzt werden. Um ein optimales Wachstum des Rasens zu erreichen, müssen ihm lebensnotwendige Nährstoffe und Spurenelemente zugeführt werden. Besonders in der Anwuchsphase hat der Greenkeeper dafür Sorge zu tragen, daß es zu einer kräftigen Wurzelbildung mit intakter Mykorrhiza kommt. Nur eine voll funktionsfähige Wurzelstruktur - und ebensolche Bodenorganismen - kann die Pflanze auf Dauer ernähren und vor Erkrankung schützen.

Aus dieser neuen Einsicht in das Zusammenspiel von Rasen und Boden haben sich in den vergangenen Jahrzehnten, und besonders in den letzten Jahren, große Veränderungen beim Bau von Golf- und Sportanlagen ergeben:

Neue Drainagesysteme, Rasentragschichten aus Sand und 100% biologische Nährstoffe sowie ausgesuchtes Saatgut haben zur stetigen Verbesserung der Anlagen geführt. Nicht nur perfekte Planung und ihre Baudurchführung, auch eine fachlich kompetente Pflege gehören jetzt zur »Grundausstattung« für einen funktionierenden Sportbetrieb.

Um die Rasenqualität zu verbessern, werden dem Profiunternehmen technisch aufwendige Geräte und ausgereifte Produkte geboten. Einige dieser Produkte gehören mittlerweile zum »Standardprogramm«. Ein Großteil dieser Technik und die meisten Produkte stammen aus den USA und werden von europäischen Greenkeepern gern übernommen.

Eine Schwächung des Rasens durch Überdüngung führt langfristig zu einer erhöhten Krankheitsanfälligkeit der Pflanzen

Bei der Entwicklung vieler Produkte wird leider kaum Rücksicht auf ökologische Gesichtspunkte genommen. Es geht in erster Linie nur um die *Qualität* der *Greens.* Trotz – oder gerade wegen – dieser Einstellung mußten die Experten in den vergangenen Jahren teilweise schmerzlich (da mit Kosten verbunden) erkennen, daß die Anfälligkeit einer Anlage sehr eng mit anderen Faktoren zusammenhängt:

- der Vitalität des Bodens
- der Vitalität der Pflanzen und
- der sie umgebenden Umwelt

Eine Schwächung des Rasens durch Überdüngung und vermehrten Einsatz von Spritzmitteln führt langfristig zu einer erhöhten Krankheitsanfälligkeit der Pflanzen! Es wurde daher *dringend notwendig,* bei der Pflege der *Greens* neue Wege zu beschreiten.

Die Rasennarbe wurde täglich dichter, die Farbe intensiver und der gesamte Wuchs kräftig

Ich wurde Anfang 1997 auf ein Pflanzenstärkungsmittel auf homöopathischer Basis aufmerksam, das beachtliche Erfolge bei der Wiederherstellung »natürlichen Wachstums« versprach. Ich wendete das Produkt auf meinem Rasen an und war verblüfft, wie er sich bereits nach 4 bis 5 Tagen entwickelt hatte. Aufgrund der späten Frostphase in dem Jahr waren sowohl der Rasen*wuchs* als auch die Rasen*qualität* weit hinter der saisonalen Norm zurückgeblieben. Doch was sich jetzt, infolge des Ausbringens homöopathischer Rasenstärkungsmittel, tat, war erstaunlich: Die Rasennarbe wurde täglich dichter, die Farbe intensiver und der gesamte Wuchs kräftig. Ich entschloß mich, das Produkt auf den diversen *Greens* verschiedener Golfanlagen einzusetzen. Nach den Kriterien geographische Lage, Aufbau und Zustand wählte ich unterschiedliche Anlagen aus. Die Herstellerfirma der Produkte erklärte sich bereit, mir Proben für die ausgewählten Golfanlagen zur Verfügung zu stellen.

Einige Tage später erhielt ich einen Anruf eines Greenkeepers aus der Eifel, der ein großes Problem auf seiner Anlage hatte. Einige *Greens* zeigten massive Trockenstellen sowie Schäden durch übermäßigen Spritzmitteleinsatz. Normalerweise ist in solchen Fällen keine schnelle Hilfe möglich. Wir wollten dennoch das homöopathische Spezialpräparat versuchsweise einsetzen. Nach drei Tagen rief mich der Greenkeeper an und bat um weitere Informationen, da die erzielte Wirkung enorm war. Selbst sehr geschädigte *Greens* wurden allmählich wieder grün! Im Laufe der nächsten Wochen wurden die homöopathischen

Mittel auf mehr als zehn Golf- und Sportanlagen zum Einsatz gebracht.

Alle Greenkeeper machten die gleiche Erfahrung:
Innerhalb nur weniger Tage verbesserten sich Wachstum, Farbe und Dichtigkeit des Rasens.

Darüber hinaus stellten die Greenkeeper eine erhöhte Streßstabilität ihrer geliebten »Grüns« fest. Wir testeten weitere Dosierungen und zusätzliche Düngemaßnahmen. Letztere konnten deutlich reduziert werden. In Untersuchungen wurde eine Verbesserung der Bodenstruktur festgestellt.

Die Streßstabilität der Grünflächen steigt

Parallel zu unseren Versuchen hatte bereits eine Golf- und Sportplatzbau-Firma erfolgreiche Versuche mit homöopathischen Wirkstoffen durchgeführt. In mehrjähriger Arbeit entwickelte sie eine Bioblattmasse aus Lupinenblättern, die als Nährschicht in die Rasentragschicht eingebaut wird. Diese Blattmasse zeichnet sich durch einen hohen Nährstoffanteil aus, der allmählich abgebaut wird. Der Umsetzungsprozeß der Blattmasse im Boden setzt allerdings nur zögerlich ein. Dieser Effekt macht sich beim Aufwuchs der Gräser bemerkbar. Durch den Einsatz von Homöopathie wurde dieser Umsetzungsprozeß – vermutlich durch verstärkte Aktivierung der Bodenorganismen – deutlich beschleunigt. Derselbe Effekt trat auch bei der Anwendung dieser Mittel im Dortmunder Westfalenstadion auf: Hier wurde die gesamte Boden- und Pflanzenaktivität und somit die Gesamtvitalität des »Kickerrasens« ersichtlich verbessert.

Aufgrund der 100%igen Umweltverträglichkeit des homöopathischen Produktes, der einfachen Anwendung, der enormen Behandlungserfolge und des ausgezeichneten Preis-Leistungsverhältnisses bin ich mir sicher, daß mit den homöopathischen Rasenmitteln eine Innovation entwickelt worden ist, die wegen der erhöhten Resistenz des Rasens gegenüber Pflanzenschutzmitteln und seiner massiven Überdüngung einen »Lebensretter in der Not« darstellt. Mein Rat ist, homöopathische Wirkstoffe standardmäßig auf allen Golf- und Sportanlagen von Baubeginn an einzusetzen. Sie sollten in keiner Pflegeanleitung der Greenkeeper fehlen.

Foto: Walter Pall

Bergahorn, aus einer Importpflanze gestaltet, ca. 50 Jahre alt

Bonsais – die Kleinen ganz groß

Walter Pall

Als langjähriger Bonsaigärtner, der seit vielen Jahren mehrere tausend eigene Bonsaibäume pflegt, habe ich Erfahrungen mit einer ganzen Reihe »Zaubermittel« gemacht. Die meisten davon scheinen nicht zu schaden, eine positive Wirkung ist allerdings auch selten zu erkennen. Umso skeptischer war ich, als mir vorgeschlagen wurde, ein auf dem Bonsaimarkt neuartiges homöopathisches Mittel auszuprobieren.

Geschwächte Pflanzen durch Beschneidung

Um ein Verständnis für die Pflege von Bonsais zu entwickeln, muß man wissen, daß das Streßniveau von Bonsaibäumen in der Regel um einiges höher ist als das normaler Garten- und Hauspflanzen. Das liegt hauptsächlich daran, daß Bonsais permanent zurückgeschnitten werden: sowohl an ihren Ästen und Blättern als auch an ihren Wurzeln. Pflanzenkenner wissen, daß Bäume durch Beschneidung Schwächungen erleiden. Dies trifft besonders auf die dauernde Rückschneidung zu.

Bonsaibäume werden beim Grundschnitt stark an ihren Wurzeln und ihren Kronen beschnitten

Probleme beim Grundschnitt

Noch drastischer sind die Auswirkungen der sogenannten *Grundgestaltung*. Dabei werden Baumschulpflanzen und sogar wildgewachsene Bäume sehr stark an ihren Kronen sowie an den Wurzeln beschnitten. Man unterzieht die Bonsais dieser Prozedur, damit sie leicht in eine Bonsaischale passen und gefällige Formen annehmen. Zu allem Überfluß wird das verbleibende Astwerk mit dicken Drähten in eine neue Form gebracht.

Foto: Walter Pall

Gartenflieder, aus einer Baumschulpflanze gestaltet, ca. 70 Jahre alt

Insbesondere durch die Grundgestaltung erweist sich die Pflege eines Bonsais als wesentlich schwieriger und aufwendiger als die von anderen Pflanzen. Da Bonsais viele kleine und größere Wunden zugefügt werden, können sie zahlreichen Schädlingen ausgesetzt sein. Besonders durch das häufige Umtopfen wird die Mykorrhiza der Bäume immer wieder beschädigt oder gar vernichtet. Ein guter Bonsaigärtner entwickelt ein Gespür dafür, ob seine Bäume gesund sind oder nicht, gleichwohl im Grunde *alle* Bonsais, die noch nicht voll entwickelt sind, durch die vielen Gestaltungsmaßnahmen ein mehr oder weniger gestreßtes Aussehen haben.

Foto: Walter Pall

Bergkiefer, aus einem Findling gestaltet, ca. 100 Jahre alt

Nach mehrmonatigen Versuchen mit homöopathischen Bonsaimitteln konnte ich eine eindeutige Verbesserung des Gesamtzustandes meiner Bäume feststellen. Unter ihnen befinden sich viele, die direkt aus der freien Natur stammen oder in Baumschulen ausgegraben wurden. Ihre Überlebensrate ist inzwischen fast bei 100% angelangt. Bonsais, die bereits seit vielen Jahren, in Pflege sind, wirken vitaler als früher. Natürlich ist es nicht möglich, diese Phänomene allein auf eine Ursache zurückzuführen. Der Sommer 1997 war durch den starken Niederschlag für Bäume ein sehr guter Sommer. Für Bonsais ungünstige hohe Temperaturen haben gefehlt. Trotzdem kann es nicht alleine an diesen Umständen liegen, daß der gesamte Bestand von mehreren tausend Bäumen gesünder wirkt als früher.

Ich habe das homöopathische Bonsaimittel regelmäßig dem Gießwasser zugesetzt, für das ich möglichst sauberes, in großen Tonnen aufgefangenes Regenwasser benutze. Bäume, die umgetopft, stark beschnitten oder gedrahtet worden waren oder die schwach wirkten, wurden einer Sonderbehandlung unterzogen. Dabei wurde einmal pro Woche der gesamte Baum, einschließlich Blättern, Nadeln und Boden mit Gießwasser überbraust, dem 30 Tropfen des homöopathischen Mittels auf 10 Liter Wasser zugesetzt worden war. Diese Behandlung erfolgte nur in den frühen Morgenstunden oder spät abends, auf keinen Fall während der Mittagshitze.

Pflanzen sollten im Sommer nur am Morgen oder am Abend, nicht während der Mittagshitze gegossen werden

Homöopathische Wirkstoffe für Biotope und Teiche

Markus Schmidlin

Die Rolle des Sauerstoffs im Wasser

Genügend Sauerstoff ist für das Wasser und seine Bewohner lebenswichtig. Wird dem Wasser durch Negativeinflüsse Sauerstoff entzogen, stellen sich Eintrübungen und Algenbildungen ein. Es bildet sich eine Schleimschicht auf der Wasseroberfläche, die eine Trennung der Sauerstoffzufuhr bewirkt. Das Wasser kippt, trübt ein und entwickelt einen Fäulnisgeruch. Noch vorhandener Sauerstoff braucht sich durch Zersetzungsprozesse allzu rasch auf.

Solche »Negativeinflüsse« sind unter anderem organische Stoffe, die ins Wasser sinken und sich zersetzen. Laub, absterbende Wasserpflanzen und Tierexkremente sind die am häufigsten auftretenden organischen Stoffe im Wasser. Homöopathische Mittel beschleunigen den Abbau organischer Stoffe durch forcierte Zellteilung bioaktiver Mikroorganismen.

Das Biotop

Die Wasserqualität im Biotop wird vom Standort, dem Wasserhaushalt, der Bepflanzung und der Wasserfauna beeinflußt. In ihrer Ausgabe vom September 1997 rät die Monatszeitschrift des Schweizer Familiengärtner-Verbandes der »Gartenfreund«, folgende Faustregeln und Pflegepunkte zu beachten:

Die Wasserqualität eines Teiches wird entscheidend durch die Größe der Wasserfläche sowie die Wassertiefe beeinflußt

Tip

- die Wasserfläche sollte mindestens fünf Quadratmeter betragen
- die Wassertiefe des Biotops sollte 80 cm betragen

Der Standort sollte sonnig sein, jedoch ohne zurückstrahlende Mittagshitze (zum Beispiel von einer Wand oder Mauer), und nie direkt in Baumnähe liegen, da abrieselndes Laub die Wasserqualität beeinträchtigt. Am besten ist es, die Blätter abzuschöpfen, bevor sie auf den Teichgrund sinken.

Die Form des Teiches kann, je nach verfügbarem Platz und persönlichen Vorlieben, rundlich oder nierenförmig sein; eine quadratische Form ist besser als eine rechteckige für Biotope geeignet. Wichtig ist ein offener Uferstreifen als Übergangsbereich vom Gartenraum zur Sandfläche, die mit unterschiedlich großen Kieselsteinen und einem größeren Steinbrocken (Findling) als Lande- und Sonnenplatz für Nützlinge wie Vögel, Eidechsen usw. belegt werden sollte.

Kunststoffbecken können eingegraben und Teichbeete mit starker Folie (evtl. auch mit Kunstfaserfilz) als »Nagetierschutz« ausgelegt werden.

Bepflanzung

Ausgesuchte Wasserpflanzen sind entsprechend der empfohlenen Wassertiefe in speziellen Wasserpflanzkörpern zu pflanzen; einige Schwimmpflanzen können ausgesetzt werden. Im Uferbereich bietet sich der Einsatz verschiedener Sumpfpflanzen in torf- und kalkfreier Moorerde an. Die im Wasser vorhandenen Wurzeln und Stengel begünstigen die Wasserqualität. Vor allem muß das Wasser *fließen!* Denn nur bewegtes Wasser bleibt auf Dauer gesund. Die unentbehrliche Sauerstoffzufuhr sichert eine Solarteichpumpe. Ein Drittel der Teichfläche sollte stets von Pflanzenwuchs bedeckt sein. Zu üppig sprießende Wasserpflanzen im zeitigen Frühjahr sind durch Teilung zu verjüngen.

Wasserpflanzen verschönern den Teich

Weitere Punkte sollten beachtet werden: Nie Goldfische einsetzen! Eine Schnakenplage vermeiden Moderlieschen. Bei einer Eintrübung und Algenwuchs empfiehlt sich eine rasche Anreicherung mit Kalk; die weitere Nährstoffzufuhr ist zu vermeiden. Bis zu einem Drittel des Wasservorrats als Gießwasser verwenden und frisches, kaltes, nährstoffarmes Wasser einleiten. Herumschwimmende und absterbende Pflanzenteile entfernen. Für den natürlichen

Nur bewegtes Wasser bleibt auf Dauer gesund

Reinigungsprozeß 1 Liter eines homöopathischen Mittels auf 10 m^3 Wasser ausbringen. Im Spätherbst den Teich mit Brettern abdecken, die auf Querbalken ausgelegt werden, so daß ein Luftaustausch durch die offenen Seitenpartien gewährleistet ist.

Aquarien und Zierbrunnen

Der Standort von Aquarium und Zierbrunnen ist so zu wählen, daß keine direkte Sonneneinstrahlung auftritt. Die Verdunstungsgeschwindigkeit im Zierbrunnen ist von der Luftfeuchtigkeit abhängig. Bei jedem Nachgießen von Wasser genügen drei bis fünf homöopathische Tropfen pro einem Liter Wasser, damit das Wasser klar bleibt und sich keine Algen bilden. Mit dem Finger kann problemlos getestet werden, ob ausgelegte Steine oder sich drehende Kugeln noch rauh oder bereits glitschig sind. Diese Art der Kontrolle kann auch am Aquarium durchgeführt werden. Hier bietet sich die Innenverglasung an. Schon das geringste Entstehen von Algen kann mit den Fingern festgestellt werden.

Bei jedem Wassertausch sind pro 50 Liter Wasser 10 ml homöopathische Wirkstoffe zuzugeben. Sollten dennoch Eintrübungen entstehen, ist das Intervall des Wasseraustausches mit je einer halben Dosierung bequem zu verlängern. Homöopathische Mittel werden von ihren Anwendern vor allem wegen ihrer einfachen Handhabung, ihrer Geruchsneutralität und der Tatsache geschätzt, daß sie für alle Lebewesen völlig unbedenklich – im Gegenteil sogar förderlich sind.

Sanfte Medizin für die Landwirtschaft

Reinhard Schmidlin

Von einem homöopathischen Pflanzenstärkungsmittel hörte ich erstmals im September 1985. Mein Freund und ehemaliger Mitschüler der landwirtschaftlichen Schule, der Landwirt *Hans Bucher,* hatte mich zusammen mit *Rudolf Moser* besucht, der einige Zeit zuvor *Konrad Würthle,* den Erfinder des Produktes, kennengelernt hatte. Es war gerade zu der Zeit, da für einen aktiven Umweltschutz in der Öffentlichkeit geworben wurde. Entsprechende Gesetze waren bereits vorhanden oder wurden geschaffen. Eigentlich hätten die Landwirte keine übelriechende Gülle mehr ausbringen dürfen, schon gar nicht in der Nähe von Wohngebieten. Grundsätzlich stellte sich die Frage, ob nicht geeignete Mittel zur Reduzierung des Geruchs von Gülle hergestellt werden könnten. Ich sprach mit *Konrad Würthle* und fragte ihn, ob nicht die Möglichkeit bestünde, eine geruchsbindende Variante des hömöopathischen Pflanzenstärkungsmittels zu entwickeln. Schon wenige Wochen später erhielten wir ein Präparat, das zur Geruchsbindung von Gülle und, wie wir später erfuhren, zur Reduktion von Gasen führte. Innerhalb kürzester Zeit bestätigten uns erste praktische Anwendungen, daß wir ein echtes Erfolgsprodukt für die Landwirtschaft zur Verfügung hatten.

Als Güllezusatz haben sich homöopathische Mittel schon umfassend bewährt

Nach langjährigen Erfahrungen mit Homöopathie in der Landwirtschaft kann man heute sagen: Als Güllezusatz haben sich homöopathische Mittel schon umfassend – bei unzähligen Kunden – bewährt. Trotzdem wird die sanfte Medizin in Landwirtschaftsschulen vielfach als wirkungslos dargestellt. Was geht wohl in den Köpfen der Lehrenden vor? Wollen oder dürfen sie nicht alternative naturheilkundliche Erkenntnisse vermitteln? Natürlich gibt es außer der homöopathischen Anwendung auch andere Maßnahmen zur Reduzierung von Stickstoffverlusten bei der Güllebewirtschaftung. Aber es muß doch nicht ausgerechnet (Trink-) Wasser sein, das zu 50–70% der Gülle beigefügt wird. Diese Empfehlung wird jedenfalls nach wie vor in landwirtschaftlichen Fachblättern von Fachleuten ausgesprochen. Dabei verfügen die meisten Landwirte gar nicht über diese Wasserkapazitäten. Auch kostet die Vermischung von Gülle mit Wasser sowie das Ausbringen auf den Feldern eine Menge Zeit und Geld. Die zusätzliche Verdichtung des Bodens ist darüber hinaus unter ökologischen Gesichtspunkten nicht akzeptabel.

Das Kälbchen hatte in dem Güllekasten überlebt

Im Frühling 1992 erhielt ich einen sehr interessanten Telefonanruf. Ein Landwirt aus einem kleinen Weiler in der Nähe von Bern schilderte, wie er morgens seinen Stall betreten und entdeckt hatte, daß in der Nacht eine seiner Kühe gekalbt hatte. Das war nichts Ungewöhnliches. Seltsam war allerdings, daß das neugeborene, vermutlich vier Stunden alte Kälbchen nicht zu finden war. Kälberklau? Während der weiteren Suche hatte der Landwirt ein Geräusch aus dem Güllekasten gehört und tatsächlich dort das Tier gefunden, wie es bis zum Bauch in der homöopathisch behandelten Gülle stand. Es war offensichtlich durch seine noch unsicheren Aufstehversuche über den glitschigen Stallboden und den nicht ganz geschlossenen Schieber in den Kasten gerutscht. Mit einem Seil um seinen Körper konnte das Kälbchen in Sicherheit gebracht werden. Noch eine kräftige Wäsche und Trocknung, und kurze Zeit später sprang das Neugeborene gesund und munter im Stall herum. Erst beim Mittagessen fragte sich der Bauer, warum das Kälbchen, das doch einige Stunden in der gasgefüllten Grube ausgeharrt hatte, mit dem Leben davongekommen sei. Das war dann auch der Grund seines Anrufes bei mir.

Die Gase in der Gülle lassen sich homöopathisch binden

Im Prinzip wußten wir bereits, daß homöopathische Mittel in der Gülle Gase binden bzw. reduzieren, denn die Geruchsminderung konnte jeder leicht mit der Nase wahrnehmen. Aber nun wollte ich es genau wissen. Noch am selben Tag rief ich einen Bekannten im Labor des Kantonchemikers in Bern an. Ich schilderte ihm die Begebenheit mit dem jungen Kalb und fragte ihn, ob er mir helfen könne, ein Gasmeßgerät auszuleihen. Er gab mir die Adresse eines Lieferanten für Gasmeßgeräte und bemerkte, daß seiner Ansicht nach das Kälbchen tot sein müsse. Drei Tage später erhielt ich das bestellte Gasmeßgerät. Mit Meßröhrchen, die chemische, salzartige Substanzen enthalten, kann auf relativ einfache Weise die Konzentration von Gasen bestimmt werden. Für jedes Gas, das man untersuchen möchte, wird ein spezielles Röhrchen benötigt. Die Verfärbung der Substanz zeigt nach Durchleitung des Güllegases durch das Röhrchen an einer Skala die aktuelle Konzentration an.

Am nächsten Tag besuchte ich mit *Rudolf Moser* vier Anwender homöopathischer Pflanzenstärkungsmittel und vier »traditionell« arbeitende Landwirte. Überall ließen wir das Rührwerk etwa 5 Minuten laufen und nahmen dann vorschriftsgemäß die Messungen vor. Die Meßergebnisse möchte ich der Einfachheit halber so formulieren: Der Gesamtkonzentration von Ammoniak, Kohlenstoffdioxyd und Schwefelwasserstoff in den vier normalen Güllen wird der Wert 100 zugeordnet. Die Ergebnisse bei den vier behandelten Güllen erreichten den Wert 7,72 - also rund 90% weniger als der Vergleichswert! Spätere Messungen erbrachten ähnliche Werte zugunsten in der Gülle eingesetzer homöopathischer Mittel. Damit war die Erklärung für das Überleben des Kälbchens gefunden.

Kein einziger Fisch starb in dem mit homöopathischer Gülle »verschmutzten« Gewässer

Ein weiteres Beispiel: Ein Landwirt in der Innerschweiz hatte aus Unachtsamkeit seine homöopathisch behandelte Gülle in ein Fischgewässer fließen lassen. Er wurde dabei beobachtet, angezeigt und erhielt eine Geldbuße. Weil er jedoch seine Gülle für unschädlich hielt, wandte er sich mit der Bitte an mich, bei der Umweltbehörde unter Schilderung der positiven Eigenschaften des Mittels ein gutes Wort für ihn einzulegen. Gern kam ich seiner Bitte nach und berichtete darüber hinaus von dem Fall eines Bauern, in dessen homöopathisch behandelter Gülle, nachdem diese durch Bachwasser gestreckt worden war, eine muntere Forelle plätscherte. Ein Netz beförderte den Fisch zurück in den Bach. Der angebliche Umweltverschmutzer mußte dennoch eine Geldbuße entrichten. Nach einigen Tagen erhielt ich den Anruf eines Behördenmitarbeiters, der mir verwundert berichtete, daß kein einziger toter Fisch in dem Gewässer gesichtet worden war. Normalerweise habe man in ähnlichen Fällen Dutzende verendeter Forellen gefunden. Bemerkenswert über diese positiven Beispiele hinaus, ist die Tatsache, daß Weidetiere, egal ob Kühe, Pferde oder Schafe, mit homöopathisch behandelter Gülle gedüngte Weiden früher und lieber annehmen als »normal« gedüngte. Viele innovative Landwirte, die mit homöopathischen Zusatzstoffen experimentiert haben, können das bestätigen.

6. Dosierungsempfehlungen – Anwender berichten

Ausgesuchte Beispiele
Aus dem Spektrum ungezählter Rückmeldungen, die der Erfinder homöopathischer Pflanzenstärkungsmittel, *Konrad Würthle,* sowie die Vertriebsgesellschaften der Produkte im Laufe vieler Jahre erhielten, haben wir einige besonders aufschlußreiche Beispiele ausgewählt. Bevorzugt wurden praxisorientierte Anwendungsempfehlungen.

Orchideenpflege mit Homöopathie

»Seit ca. 9 Monaten verwende ich homöopathische Mittel bei der Pflege von Phalaenopsis, Paphiopedilum, Laelien und Cattleyen. Die Anwendung erfolgt beim Gießen (alle 6 Wochen) mit der halben Dosis der angegebenen Konzentration. Gegossen wird nur nach vorheriger Befeuchtung des Pflanzenstoffes – mit Wasser ohne Zusätze. Beim Sprühen verwende ich alle 3 Wochen das Mittel nach der Dosierungsanleitung.

Foto: Ewald Kleiner

Natürliche Pflege für schöne Orchideen

Beobachtete Auswirkungen bei den Pflanzen waren: Gutes Wurzelwachstum, sehr starke Neutriebe bei den Laelien und Cattleyen mit entsprechender Blütenbildung. Bei Phalenopsis und Paphiopedilum sehr starke Pflanzenentwicklung. Bei Phalenopsis große Blütenrispen, in der Regel verzweigt – mit langer Haltbarkeit der Blüten.

Fazit: Die Pflanzen entwickelten sich überdurchschnittlich gut, mit sehr guter Auswirkung auf die Blütenbildung. Oftmals bildeten sich zwei Neutriebe oder zusätzliche Neutriebe aus älteren Pseudobulben.«

Werner Huschka, Aschaffenburg; Orchideen-Experte

Anwendung von homöopathischen Mitteln bei Kakteen

Foto: Ewald Kleiner

Kakteengarten

»Seit über 10 Jahren verwende ich homöopathische Wirkstoffe bei der Pflege meiner Kakteen und Sukkulenten. Die Pflanzen zeigen einen guten Wuchs, gesundes Aussehen, und die Blühfähigkeit wurde enorm gesteigert. Das Umtopfen kann in längeren Zeitabständen erfolgen, da beim Gießen oder Anstauen mit homöopathisch angereichertem Wasser ein Versalzen oder Versauern des Pflanzensubstrates weitgehend verhindert wird. Die Düngerzeiträume können verlängert und die Menge reduziert werden.

Anwendung

Bei gesunden Pflanzen in 14tägigem Abstand mit homöopathischen Tropfen angereichertes Regenwasser (15 Tropfen = 1 ml auf 1 Liter Regenwasser oder enthärtetes Wasser) sprühen. Beim Gießen das Mittel ca. alle 6 Wochen (also bei jedem zweiten oder dritten Mal) in gleicher Dosierung zusetzen.

Diese Behandlung sollte während der ganzen Vegetationsperiode erfolgen. Vor der Einwinterung (Beginn der ca. 4monatigen Trockenruhe in kühlen, hellen Räumen) ist eine letzte Besprühung mit einem Mittel zur Stärkung der Pflanzen und Vorbeugung gegen Verpilzung zu empfehlen.

Regenerierung schädlingsbefallener Pflanzen

Von Spinnmilben befallene Pflanzen nach Beseitigung der Schädlinge zweimal wöchentlich mit dem Mittel (15 Tropfen = 1 ml auf 1 Liter Wasser) besprühen und al-

le 2–3 Wochen mit derselben Mischung gießen. Braune Flecken oder geschädigte Teile der Pflanzen können zwar nicht vollständig regeneriert werden, doch zeigt sich im Scheitel ein gesunder Neuaustrieb. Seltene oder besonders wertvolle Pflanzen können auf diese Weise fast immer gerettet werden.

Homöopathie bei der Aussaat

Beizen Sie Kakteensamen in homöopathischen Mitteln (1 Teil Homöopathie, 1 Teil Wasser). Samen nach ca. 10 Minuten aus der Flüssigkeit nehmen, auf saugfähigem Papier trocknen und aussäen. Um den gefürchteten Vermehrungspilz zu vermeiden, besprühen Sie die aufgegangene Saat in den erforderlichen Zeitabständen mit einem Mittel gegen Verpilzung.

Sie können Kakteensamen vor der Aussaat mit homöopathischen Mitteln behandeln

Ergebnisse bei 3.000 Kakteen

Die hier berichteten Erfahrungen habe ich in meinen zwei Gewächshäusern mit ca 3.000 Kakteen und Sukkulenten gemacht. Meiner Erfahrung nach ist Homöopathie für Pflanzen ein großer Fortschritt in der biologischen Pflanzenpflege und für mich persönlich unverzichtbar. Meine Erfolge im Gartenbau haben auch meine Nachbarn zu Freunden homöopathischer Pflanzenstärkungsmittel gemacht.«

Franz Gebhart, Baindt; Kakteenzüchter

Homöopathische Behandlung von Beeren

Qualität und Ertragsmengen der Früchte können durch den Einsatz von homöopathischen Wirkstoffen günstig beeinflußt werden. Das Mittel wird im Frühling und im Herbst je dreimal über die Kulturen gespritzt. Aufgrund dieser Behandlung können sich geschädigte Pflanzen rascher erholen. Die Wirkstoffe werden von der Pflanze über die Kapillarwurzeln, die Wurzelrinde sowie über Blatt und Nadel aufgenommen. Die Widerstandskraft gegen Schädlinge erhöht sich. Qualität wie Ernteertrag der Früchte werden wesentlich gesteigert.

Bereits die Vorblüte der Beeren sollte behandelt werden

Tip

Behandlung von Beeren im Frühling

Drei Spritzungen mit homöopathischen Mitteln:

1. Spritzung: In die Vorblüte
2. Spritzung: Nach 2 Wochen
3. Spritzung: Nach weiteren 2 Wochen

Dosierung: 10 ml auf 10 Liter Wasser für 10 m² Fläche

Im Herbst

Nach dem Abernten empfehlen wir eine Gabe mit reifem Kompost (spezielle homöopathische Mittel verhelfen zu einem nährstoffreichen Kompost). Blätter bei Erdbeeren nicht abschneiden, diese müssen rot werden. Nur Ausläufer entfernen!
Anschließend drei homöopathische Spritzungen:

1. Spritzung: Morgens nach 2 Wochen
2. Spritzung: Morgens nach weiteren 3 Tagen
3. Spritzung: nachmittags nach einer weiteren Woche

Dosierung: 10 ml auf 10 Liter Wasser für 10 m² Fläche

Sehr wichtig!

Die Pflanzen sollten am besten auf einem kleinen Hügel stehen. Durch schnelleres Ablaufen des Wassers wird der Pilzbefall wesentlich gehemmt!

Himbeeren

Die Wurzelbahn wird vorteilhaft mit Mulch abgedeckt. Auch die Grünabdeckung der Zeilenzwischenräume ist sehr zu empfehlen. Sie ist in jedem Fall der Schnitzellage vorzuziehen (Verrottung der Schnitzel entzieht dem Boden Nährstoffe!).

Einsatz von Homöopathie in Aquarien

Fischheilmittel sind in Aquarien oftmals für die Pflanzen schädlich

»Bei einem Neuzugang von Sumatrabarben stellte ich blutunterlaufene Schuppen und leichten Pilzbefall an den Flossen fest. Da fast alle gängigen Fischheilmittel den Pflanzen nicht besonders zuträglich sind, Kupfer aber als Heilmittel bekannt ist, machte ich einen Versuch mit einem homöopathischen Wirkstoff gegen Pilze. Nach Einbringung von 5 ml auf 150 l Aquarienwasser, 3malig im Abstand von 2–3 Tagen angewendet, war der Pilz vollständig verschwunden, und die Pflanzen wachsen nach wie vor hervorragend.«

Franz Gebhart, Baindt

7. Tips für Praktiker

Hugo Baumann

Keine Kombination von Dünger und homöopathischen Wirkstoffen

Vitalisierungsmittel lösen die im Boden vorhandenen Nährstoffblockaden. Überdüngte Felder, Bäume, Wiesen und Gärten zeigen häufig Überreaktionen (Stickstoffüberdüngung), die in manchen Fällen kurzfristig zu hohem Schädlingsbefall führen können. Der Stickstoff wird in Aminosäuren umgewandelt. Die so entstehende Duftveränderung lockt Schädlinge an. Deshalb: Pflanzenstärkungsmittel möglichst nicht mit rasch pflanzenverfügbaren Düngern kombinieren.

Pflanzenstärkungsmittel und Dünger vertragen sich nicht

Kein Gift im Garten

- Möglichst keine (oder nur geringe) zusätzlichen toxischen Mittel anwenden
- Möglichst saubere und giftfreie Gefäße verwenden
- Dosierung möglichst exakt einhalten! Unter- oder Überdosierungen können die Wirkung verhindern

Probleme mit Industrieerde

Beim Einsatz von Vitalisierungsmitteln in Industrieerden, Torferden und mikrobiologisch leeren Substanzen kann es zu eingeschränkten Wirkungen wie verminderter Krankheits- und Schädlingsabweisung kommen.

Industrieerde kann die Schädlingsabweisung hemmen

Belastungen des Bodens durch Pflanzenjauche

Jauchen und Spritzbrühen von Brennesseln, Schachtelhalm oder Baldrian, um nur einige zu nennen, sind seit Generationen bekannt. Trotzdem sind Fehlschläge möglich. Die Böden sind so stark belastet, daß wir die alten Rezepte an die veränderte aktuelle Situation anpassen müssen. Im Labor von *Professor K. H. Erismann* (Schweiz) wurden Brennesseln, Schachtelhalm und Baldrian im gleichen Boden getestet. In bezug auf die Aktivierung der Bodenlebewesen zeigten sich große Unterschiede. Die anfänglich positive Wirkung von Brennesseljauche auf die Bodenorganismen veränderte sich bereits nach kurzer Dauer in eine negative, hemmende Wirkung. Schachtelhalm bewirkte nur einen geringen Einfluß auf die Mikroorganismen. Baldrian förderte das Blühen, hemmte jedoch die Bodenlebewesen. Für viele Gärtner und Gartenbesitzer ist der Umgang mit Pflanzenjauchen ebenfalls nicht einfach. Die Praxis zeigt auch, daß zu häufiges Anwenden und Überdosierungen zu noch größeren Problemen in den bereits geschädigten Böden führen kann. Auch der zu häufig angewendete Frischkompost hat negative Auswirkungen.

Pflanzenjauche kann die Aktivität der Bodenorganismen sogar hemmen

Mykorrhiza: Motor der Pflanze

Über 90% aller Pflanzen im Freiland bilden eine Lebensgemeinschaft zwischen Mykorrhiza (Bodenpilzen) und Feinwurzeln. Die Mykorrhiza hat vielfältige Aufgaben, u.a. die verbesserte Wasser- und Nährstoffaufnahme. Die Mykorrhiza wirkt schützend und fördernd durch Ausscheidungen von antibiotisch wirksamen Stoffen. Die vom Symbiosepilz produzierten Vital- und Schutzstoffe stimulieren das Wachstum der Wirtspflanze, sind also der Motor der Pflanze.

Die Mykorrhiza ist sehr empfindlich. Die Bodenart, die klimatischen Bedingungen und verschiedene Umwelteinflüsse beeinflussen die Mykorrhiza. Mit dem Absterben der Bodenpilze verhungern die Wurzeln (trotz genügender Nährstoffvorräte) und damit auch die Pflanzen. Die Feinwurzelbildung ist gehemmt. In belasteten Gebieten hat die Artenvielfalt dieser Bodenpilze bereits um mehr als 50% abgenommen.

Mit der Rückbildung der Wurzeln ist die Standfestigkeit der Bäume gefährdet

Auch auf den zur Zeit überhöhten Stickstoff- und Ozoneintrag aus der Luft reagiert die Mykorrhiza negativ. Durch den Stickstoffüberfluß entsteht bei Waldbäumen und einheimischen Baumarten ein Mißverhältnis zwischen Blättern und Wurzeln. Das Blattwachstum wird gefördert, während gleichzeitig eine Rückbildung der Wurzeln stattfindet. Die großen, aber instabilen Blätter sind anfällig für Krankheiten und Schädlinge. Mit der Rückbildung der Wurzeln ist die Standfestigkeit der Bäume gefährdet. Selbst bei geringen Windböen fallen sie um. Ozon behindert den Rückfluß von Zucker aus den Blättern in die Wurzeln. Den Bodenpilzen fehlt dieser Zucker als Nahrung, sie werden inaktiv. Die Ausscheidung von Vital- und Schutzstoffen entfällt und die Pflanze verliert ihre Widerstandskraft. Dieser Vitalitätsverlust ist sichtbar. Die Obstbäume reagieren mit einem verfrühten Blattfall, einer verminderten Qualität der Früchte und mit vermehrten Schadorganismen. Bei Bäumen und Pflanzen mit einer angegriffenen Mykorrhiza ist die Förderung der Symbiose durch Vitalisation besonders erfolgreich.

Die Leistungsfähigkeit des Bodens

Die obersten 30 cm eines Quadratmeters Boden enthalten im Durchschnitt:

Gruppe	Anzahl
Bakterien	60 000 000 000 000
Pilze	1 000 000 000
Algen	1 000 000
Einzeller	500 000 000
Fadenwürmer (Ählchen)	10 000 000
Milben	150 000
Springschwänze	100 000
Weiße Ringelwürmer	25 000
Regenwürmer	200
Schnecken	50
Spinnen	50
Asseln	50
Tausendfüßler	150
Hundertfüßler	50
Käfer	100
Fliegenlarven	200

Ein fruchtbarer Boden benötigt aktive Bodenlebewesen

In vielen Böden sind Mikroorganismen nicht mehr in ausreichender Zahl aktiv. Diese geschädigten Böden sind Ursache vieler Krankheiten und Schädlinge. Die Fruchtqualität kann ohne toxische Stoffe nicht mehr erhalten werden. Mit einer optimalen Pflege der Bodenlebewesen ist eine nachhaltige Bodenfruchtbarkeit möglich. Die Bodenbewirtschaftung hat mit der Natur und nicht gegen sie zu erfolgen. Das Wissen um die Zusammenhänge eines lebendigen Bodens ist deshalb auch die Grundlage für einen gesunden Boden.

8. Wissenschaftliche Untersuchungen zur Pflanzenhomöopathie

Prof. Dr. Arnim Bechmann

Tests mit homöopathischen Pflanzenstärkungsmitteln am Beispiel *Biplantol*

Am *Institut für ökologische Zukunftsperspektiven* gehen wir seit 10 Jahren der Frage nach, ob unkonventionelle Mittel, Verfahren oder Geräte, wie z.B. homöopathische Mittel, speziell aufbereitete Gesteinsmehle, Orgongeräte oder radionische Verfahren, geeignet sind, geschädigte Pflanzen oder Ökosysteme zu revitalisieren.

Können homöopathische Mittel geschädigte Pflanzen revitalisieren?

In diesem Zusammenhang führen wir seit einigen Jahren Versuche zur Revitalisierung von Waldbäumen durch, bei denen u.a. auch der Wirkstoffkomplex *Biplantol* eingesetzt wird.

Nach Angaben des Erfinders, *Konrad Würthle,* ist *Biplantol* ein homöopathisches Mittel. Es wird in einem Prozeß der Verdünnung und Potenzierung aus einer Ausgangstinktur von Wirksubstanzen gewonnen. Es wird aus einem Stoffgemisch hergestellt, das in seiner Urtinktur Mineralien zur Unterstützung von Stoffwechselprozessen, Uronsäuren zur Entgiftung, Humusbestandteile zum Anstoß von Nährstoffaufnahme/Revitalisierung Regeneration und Germanium zur Revitalisierung enthält (vgl. Abb. Das Konstruktionsprinzip von *Biplantol,* Seite 100).

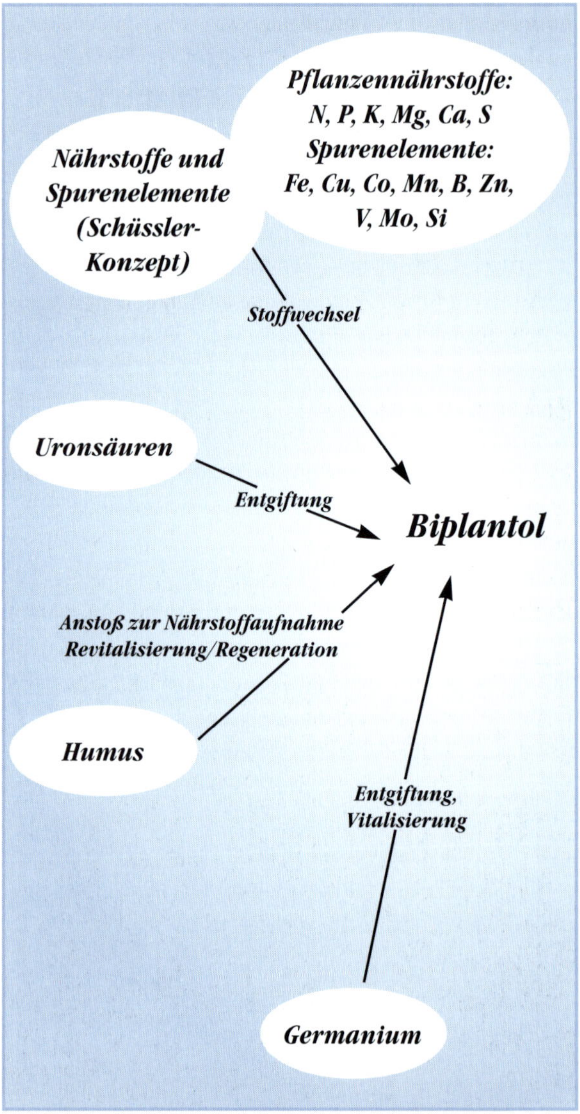

Das Konstruktionskonzept von Biplantol

Folgende Experimente haben wir mit dem homöopathischen Wirkstoffkomplex durchgeführt:

- Tests, ob und inwieweit geschädigte Waldbäume mit homöopathischen Mitteln revitalisiert werden können
- Laborexperimente mit Keimlingen, in denen geprüft wurde, ob *Biplantol* eindeutige Wirkungen erzielt
- sowie die Sammlung von Erfahrungen mit der Anwendung von Homöopathie im Alltag (Garten und Topfpflanzen)

Wissenschaftliche Experimente mit Homöopathie für Pflanzen

Behandlung von Waldbäumen

In dem 1986 begonnen Projekt des *Instituts für ökologische Zukunftsperspektiven* »Test von unkonventionellen Mitteln und Verfahren zur Stärkung der Vitalität von Waldbäumen« wurde der homöopathische Wirkstoffkomplex *Biplantol* auf drei Versuchsflächen im Deister bei Hanno-

Homöopathie für Bäume

ver eingesetzt. Wir behandelten insgesamt 15 Bäume mit dem Mittel. Demgegenüber standen 28 Vergleichsbäume.

Die Behandlung haben wir 1987 erstmals durchgeführt und bis 1996 regelmäßig wiederholt. Die Bäume wurden jährlich nach der Waldschadenskartierung und mit Hilfe ausführlicher Baumprotokolle hinsichtlich ihres »Vitalitäts-/Gesundheitszustandes« erfaßt.

Die homöopathisch behandelten Fichten verbesserten ihre Vitalität

Die folgenden pauschalisierten Auswertungsergebnisse beziehen sich auf die Einstufung nach der Waldschadenskartierung. Für die Untersuchungsjahre 1987–1994 wurde ein durchschnittlicher Entwicklungstrend für die homöopathisch behandelten Bäume sowie für die unbehandelten Vergleichsbäume pro Versuchsfläche geschätzt.

Die Wirkung von *Biplantol* auf den Versuchsflächen variierte in Abhängigkeit vom Alter der behandelten Bäume. Insgesamt ergab sich in unserer Auswertung folgendes Bild:

- auf der Versuchsfläche 1 (alte Buchen) tendierten sowohl die behandelten als auch die unbehandelten Bäume zu einer Verschlechterung. Das Ausmaß der Schädigung war bei beiden Baumgruppen in etwa gleich
- auf der Versuchsfläche 2 (junge Fichten) hat sich der Vitalitätszustand der Vergleichs-Bäume ebenfalls verschlechtert. Die mit Homöopathie behandelten Fichten zeigen jedoch eine Verbesserung ihres Vitalitätszustandes

- auf der Versuchsfläche 3 (junge Buchen) verbesserte sich sowohl die Vitalität der Vergleichsbäume als auch die der »*Biplantol*«-Bäume. Das Ausmaß der Verbesserung war bei den »*Biplantol*«-Bäumen allerdings geringfügig größer als bei den Vergleichsbäumen
- für die Gesamtheit der Vergleichs-Bäume konnten wir eindeutig eine Tendenz zur Verschlechterung feststellen. Für die »*Biplantol*«-Bäume glichen sich interne Verbesserungs- und Verschlechterungstendenzen fast völlig aus

Insofern die vorliegenden Daten und die benutzte Auswertungstechnik repräsentativ sind, können wir von einer positiven, die Revitalität von Bäumen stärkenden Wirksamkeit des homöopathischen Wirkstoffkomplexes ausgehen.

Keimlingstests mit Weizen

Die Experimente mit *Biplantol* an Waldbäumen wurden als Vor-Ort-Versuch, d.h. im Wald und somit in einem insgesamt nicht zu kontrollierenden System durchgeführt. Nachdem eine positive Wirkung anzunehmen war, haben wir am *Institut für ökologische Zukunftsperspektiven* zwischen 1996 und 1997 einfache, gut kontrollierbare Laborversuche als Ergänzung durchgeführt. Dafür wählten wir einen Keimlingstest mit Weizen.

Die Weizenkeimlinge standen unter künstlichem »Streß«

Die Weizenkeimlinge wurden in geschlossenen Plastikcontainern, die darüber hinaus mit Alufolie abgedunkelt wurden, gezogen. Containern mit homöopathisch behandelten Keimlingen haben wir unbehandelte Vergleichscontainer gegenübergestellt.

Die Auswertung erfolgte zehn bzw. vierzehn Tage nach Beginn des Keimungsprozesses. Die Versuchspflanzen - ca. 300 pro Container - wurden einzeln entnommen und vermessen. Für die Auswertung haben wir verschiedene Indikatoren gewählt, wobei aber das Längenwachstum der ausschlaggebende Indikator für den Versuch war.

Die Weizenkeimlinge waren etwas grüner und größer als die Vergleichskeimlinge

Da sich die Keimung im Dunkeln und in einem abgeschlossenen Container vollzog, standen die Weizenkeimlinge von Anfang an unter biologischem »Streß«. Damit wollten wir die Hypothese überprüfen, ob Keimlinge, die mit homöopathischen Mitteln behandelt worden waren, unter Streß eine vitalere Entwicklung nehmen würden als unbehandelte Keimlinge.

Die Ergebnisse der Keimlingstests waren überraschend klar und eindeutig (vgl. Tab. 1).

Insgesamt wurden neun Versuche dieser Art zu fünf verschiedenen Zeitpunkten durchgeführt. Nur eine der Versuchsserien zeigt ein abweichendes Bild. Für diese Serie ist allerdings aus anderen Gründen anzunehmen, daß es sich um einen »irregulären« Versuch handelt.

Nr.	Zeitraum	Trieblänge (in cm) Biplantol	Null	Rangvorteil	Bi=N		Gesamteindruck Biplantol	Null	Rangvorteil	Bi=N	
1.	29.4.-9.5.1996	10,77	9,41	✘			vital	normal	✘		
2.	29.4.-13.5.1996	15,71	14,27	✘			vital	normal	✘		

Nr.	Zeitraum	Trieblänge (in cm) Biplantol	Null	Rangvorteil	Bi=N		Trockengewicht (in g) Biplantol	Null	Rangvorteil	Bi=N	
3.	27.5.-6.6.1997	21,48	20,13	✘			7,09	7,32			✘
4.	27.5.-6.6.1997	22,72	21,26	✘			7,14	6,84	✘		
5.	10.6.-20.6.1997	22,54	25,52			✘	9,11	9,55			✘
6.	10.6.-20.6.1997	23,22	26,86			✘	9,11	9,67			✘
7.	24.6.-3.7.1997	24,46	24,78		✘		9,00	8,60	✘		
8.	24.6.-3.7.1997	26,51	24,49	✘			9,03	9,63			✘
9.	24.6.-3.7.1997	27,33	25,93	✘			8,99	7,70	✘		
Gesamt:		21,64	21,41		✘		8,50	8,47		✘	
Gesamt ohne 5 u. 6:		21,28	20,04	✘			8,25	8,02		✘	

Tab. 1: Keimungsversuche mit Weizen 1996 und 1997

Hinsichtlich des optischen Gesamteindruckes zeigten in allen Versuchsgruppen die mit *Biplantol* behandelten Container eindeutig ein vitaleres Erscheinungsbild. Dies äußerte sich z.B.

- in einer auch mit bloßem Auge gut erkennbaren höheren Wachstumsleistung
- darin, daß die Weizenkeimlinge im Durchschnitt eine etwas grünere Farbe als die Vergleichskeimlinge hatten
- darin, daß die mit Homöopathie behandelten Keimlinge im Durchschnitt aufrechter standen als die unbehandelten Keimlinge

Die Ergebnisse der Keimlingsvermessung sind in Tab. 1 zusammengestellt. Aus ihr ist gut zu erkennen, daß die *»Biplantol«*-Keimlinge im Durchschnitt um ca. 5–10% länger waren als die unbehandelten Keimlinge. Hinsichtlich der Wurzelbildung war weder eine solche Tendenz noch ein quantitativ sichtbarer Unterschied zu erkennen.

Zusätzlich zu den Weizenkeimlings-Tests haben wir Tests mit Erbsen und Bohnen durchgeführt. Auch hier sahen die behandelten Pflanzen vitaler aus. Im Gegensatz zum Weizen wiesen jedoch die Wurzeln ein erhöhtes Wachstum auf (vgl. Tab. 2).

Nr. Zeitraum	Trieblänge/Halm (in cm)	Rangvorteil		Trieblänge/Wurzel (in cm)	Rangvorteil	
	Biplantol	**Null**	**Bi=N**	***Biplantol***	**Null**	**Bi=N**
1. 19.7.-29.7.1996 Erbsen	**22,11**	**21,32**	**✗**	**9,65**	**8,54**	**✗**
2. 29.4.-13.5.1996 Bohnen	**20,38**	**21,38**	**✗**	**10,38**	**9,37**	**✗**

Gesamteindruck:	Rangvorteil		
	Biplantol	**Null**	**Bi=N**
1. 19.7.-29.7.1996 Erbsen	**vital**	**normal**	**✗**
2. 29.4.-13.5.1996 Bohnen	**vital**	**normal**	**✗**

Tab. 2: Keimungsversuche mit Bohnen und Erbsen 1996

Der Keimlingstest ist ein sehr gebräuchliches und im Hinblick auf äußere Einflußfaktoren gut kontrollierbares Laborexperiment. Unsere bisherigen Versuchsläufe führten zu einem sehr deutlichen Ergebnis: Mit *Biplantol* behandelte Keimlinge wiesen für die Versuchszeiträume eine höhere Vitalität in Bezug auf ihr Wachstum und ihr Erscheinungsbild auf.

Wollte man dieses Ergebnis jedoch »zweifelsfrei« sichern, so müßten die Versuche in größerer Serie und unter variierenden Bedingungen wiederholt werden.

Beobachtungen an Topfpflanzen und Gartengewächsen

Mit Biplantol behandelte Weinachtssterne

Neben den wissenschaftlichen Versuchen, haben wir auch im Alltag, insbesondere bei Topfpflanzen und Gartengewächsen, mit homöopathischen Pflanzenstärkungsmitteln experimentiert. Die Beobachtungen wurden nicht systematisch, sondern punktuell durchgeführt und soweit wie möglich per Foto dokumentiert. Als Vergleichssituationen wurden die Erfahrungen der Experimentatoren mit Pflanzen ohne homöopathische Behandlung gewählt. Darüber hinaus haben wir geschätzt, was für die jeweilige Pflanze typisch ist, erwartet werden kann oder möglich ist.

Die folgenden Eindrücke haben im wissenschaftlichen Sinn keinen Beweischarakter, aber sie geben Erfahrungen unter Alltagsbedingungen wieder, die für eine private Anwendung nützlich sein können.

Die gewonnenen Eindrücke waren bei den in den folgenden Beispielen geschilderten Pflanzen eindeutig: Als wichtigster Effekt stellte sich heraus, daß der homöopathische Wirkstoffkomplex *Biplantol* vor allem das vegetative Wachstum (Längenwachstum und Blattbildung) anregt und behandelte Pflanzen eine gewisse Tendenz zur Buschigkeit aufweisen. Diese Behauptungen werden durch die folgenden Beispiele gestützt:

Homöopathische Pflanzenstärkungsmittel rufen deutliche Wirkungen an behandelten Pflanzen hervor

- ein schmalblättriges Weidenröschen, das mit *Biplantol* behandelt wurde, entwickelte ein Längenwachstum von ca 3,30 m, was außerhalb aller Erwartungen für diese Pflanze liegt
- Weihnachtssterne, die ungefähr ein $^3/_4$ Jahr im gleichen Topf, ohne Düngung und unter schwierigen Bedingungen gehalten wurden, zeigten eine überdurchschnittlich gute Blattentwicklung, einschließlich einer klaren Tendenz zur Buschigkeit
- ein mit Homöopathie behandelter Lorbeerbusch entwickelte im Vergleich zu seinem unbehandelten Nachbarstrauch ein üppiges vegetatives Wachstum und ebenfalls Tendenzen zu einer wesentlich größeren Buschigkeit
- zwei Apfelbäume aus derselben Baumschule, die am gleichen Standort und zur gleichen Zeit gepflanzt worden waren, zeigten nach zwei Jahren hinsichtlich ihrer Triebentwicklung und Blattfülle deutliche Unterschiede: Der eine Baum war homöopathisch behandelt worden. Seine Krone war wesentlich fülliger als die des unbehandelten Baumes

Das vermutlich stärkere vegetative Wachstum der homöopathisch behandelten Pflanzen kann jedoch auch Probleme entstehen lassen. So reagierte z.B. der geschilderte Apfelbaum auf eine längere Hitzeperiode, indem er deutliche Verwelkungserscheinungen zeigte. Ein mit *Biplantol* behandelter Holunder begann zu schießen und ging in ein für einen Holunder unübliches gestrecktes Längenwachstum über.

Diese gesamten Beobachtungen sind mehr oder weniger zufällig und wissenschaftlich nicht gesichert. Sie geben jedoch Hinweise darauf, was wissenschaftlich untersucht werden müßte. Außerdem bestärken sie die Vermutung, daß homöopathische Pflanzenstärkungsmittel grundsätzlich deutliche Wirkungen an behandelten Pflanzen hervorrufen.

Trocken- und Hitzestreßfolgen eines behandelten Apfelbaumes

Mit Biplantol behandelter Apfelbaum

Vergleichsbaum, ohne Biplantolbehandlung

Untersuchungsergebnisse

In den bisherigen Arbeiten am *Institut für ökologische Zukunftsperspektiven* haben wir die Wirksamkeit von homöopathischen Pflanzenstärkungsmitteln auf drei Wegen untersucht:

- durch eigene Versuche an Waldbäumen, die bislang für einen Zeitraum von sieben Jahren ausgewertet wurden
- durch Keimlingtests
- durch nicht-systematisierte Beobachtungen in Alltagssituationen

Über sieben Jahre wurden wissenschaftliche Versuche an Waldbäumen durchgeführt

Alle drei Untersuchungen führen zu Ergebnissen, die auf eine vitalitätsfördernde Wirksamkeit von homöopathischen Mitteln schließen lassen. Die Versuchsergebnisse sind als Pilotergebnisse, nicht jedoch als im engeren Sinn wissenschaftlich gesicherte Resultate zu verstehen. Eine größere Gewißheit könnten wir in Zukunft durch detailliertere Untersuchungen sowie durch eine größere Datenbasis gewinnen.

Wenn auch bereits, empirisch gut begründet, behauptet werden darf, daß Homöopathie auf lebende Systeme vitalitätsstärkend wirkt, so bleiben dennoch die Fragen offen:

- wie sich diese Wirkung vollzieht
- durch welche Mechanismen homöopathische Mittel in einen Organismus hineinwirken, so daß sein Erscheinungsbild verändert wird
- ob homöopathische Mittel Pflanzen auch schädigen können
- wieweit das Umfeld einer homöopathisch behandelten Pflanze von dem Mittel beeinflußt wird

Aufbauend auf den bisherigen Erfahrungen mit der Homöopathie für Pflanzen, deren Basis durch weitere Experimente verbreitert werden sollte, ist es erforderlich, nach wissenschaftlichen Erklärungen für ihre Wirksamkeit zu suchen.

Insgesamt betrachtet sind die bisherigen Versuchsergebnisse mit homöopathischen Pflanzenstärkungsmitteln auf jeden Fall als wertvoll einzustufen. Sie zeigen eine Tendenz auf und ermutigen, einen erfolgversprechenden Weg zu beschreiten, der eine sehr positive Umweltentwicklung in Gang setzen kann.

Homöopathische Mittel haben eine positive Wirkung auf lebende Systeme

Denn umweltpolitisch wäre der systematische Einsatz von *Biplantol* sehr wünschenswert. Hätte er doch zwei ökologisch erstrebenswerte Effekte:

- *Biplantol* hat offensichtlich eine vitalisierende Wirkung auf lebende Systeme
- da es sich um ein homöopathisches Mittel handelt, sind Schadstoffeinträge in Ökosysteme auszuschließen

Aufgrund unserer bisherigen Beschäftigung mit *Biplantol* sind wir zu folgenden Einschätzungen gelangt:

Mit Homöopathie dem ökologischen Wunschziel näherkommen

- aus wissenschaftlicher Sicht können geschädigte Waldbäume, Pflanzen und auch andere lebende Systeme durch Homöopathie revitalisiert werden
- aus wissenschaftspolitischer Sicht bietet sich *Biplantol* sowohl im Hinblick auf ein besseres Verständnis von Lebensprozessen in Ökosystemen als interessantes Forschungsobjekt an als auch in Bezug auf seine praktische Nutzbarkeit im Gartenbau, in der Landwirtschaft, im Weinbau oder in der Forstwirtschaft sowie zur Sanierung geschädigter Ökosysteme
- aus umweltpolitischer Sicht erfüllt *Biplantol* ein ökologisches Wunschziel, da es lebensfördernd wirkt und keine Schadstoffeinträge in Ökosysteme verursacht.

Die am *Institut für ökologische Zukunftsperspektiven* mit *Biplantol* gewonnenen Erkenntnisse und Erfahrungen ermutigen zur weiteren Erforschung und Nutzung homöopathischer Mittel für den Pflanzenanbau in der Land- und Forstwirtschaft sowie im Gartenbau.

Anhang

Artists for Nature stellt sich vor

Artists for Nature ist eine gemeinnützige, unabhängige, internationale Künstlerorganisation, die sich zum Ziel gesetzt hat, die Kreativität und Prominenz ihrer Mitglieder in den Dienst der Natur zu stellen.

Eine Umweltorganisation von Künstlern und Prominenten

Die Umweltorganisation wurde 1989 von einer Gruppe von Künstlern und Prominenten gegründet. In der Absicht, zur Rettung der tropischen Regenwälder beizutragen, deren immer schneller voranschreitende Abholzung gleichzeitig mit ihrer Bedeutung für das Klima unseres Planeten der Öffentlichkeit durch die Medien bekannt wurde, sammelt der Verein mit verschiedenen Aktionen im künstlerischen Bereich Geld zur Finanzierung von Umweltschutzprojekten. Unsere wichtigsten Ziele sind die Rettung und der Erhalt der tropischen Regenwälder, die Entwicklung und Durchsetzung erneuerbarer Energien,

Viele international bekannte Künstler setzen sich für die Natur ein

der Kampf gegen die Klimakatastrophe und die Schaffung eines Bewußtseins für die Bedeutung der Natur für den Menschen durch ökologische Bildungs- und Aufklärungsarbeit. Viele international bekannte Künstler aus allen Bereichen setzen sich öffentlich für die Aktionen von *Artists for Nature* ein und tragen durch ihren Einsatz zur Finanzierung der dringend notwendigen Hilfsmaßnahmen zum Schutz der Natur bei.

Eine Klimaerwärmung mit katastrophalen Folgen für das globale Wetter und die Vegetationszonen findet bereits statt. Hierüber ist sich die Wissenschaft einig. Die weitere Vernichtung von Tropenwald wird diese Entwicklung in gefährlicher Weise beschleunigen. Wir müssen begreifen, daß unsere Generation heute und jetzt die einmalige historische Chance hat, darüber zu entscheiden, ob und wie es ein Leben auf diesem Planeten in 50 Jahren geben wird.

Das gravierendste Umweltproblem dabei ist die Zerstörung der Regenwälder: keines ist so lebensbedrohend wie dieses, keines wird das Leben unserer Kinder und Enkel so negativ beeinflussen. In den letzten 40 Jahren wurden ca. 50% der ursprünglichen Waldflächen zerstört. Experten erwarten - sollte diese Vernichtungswut nicht aufgehalten werden - das Ende der Tropenwälder in etwa 30 Jahren. Viele Millionen und Abermillionen von Tier- und Pflanzenarten werden dann für immer ausgestorben sein und eine einzigartige Bibliothek der Genschöpfung ist dann der Welt für immer verloren. *Artists for Nature* unterstützt zahlreiche Projekte, die den Schutz und Erhalt von Regenwald zum Ziel haben. Wichtig ist uns auch, durch Aufklärungsarbeit in Europa ein Bewußtsein für die Bedeutung der Regenwälder zu vermitteln.

Über 50 Projekte sind bisher von *Artists for Nature* initiiert und unterstützt worden, darunter langfristige Schutzprojekte in den lateinamerikanischen Regenwäldern. *Artists for Nature* hilft weltweit mit zahlreichen Projekten, wie z.B. in Südamerika, Ghana, Indonesien und auf den Philippinen, die Regenwälder der Erde zu erhalten. In akut bedrohten Gebieten werden Naturschutzreservate eingerichtet, medizinische Soforthilfe für die indianische Bevölkerung geleistet, Indianer beim Rückkauf ihrer angestammten Gebiete unterstützt, der Bau von Schulen und Krankenhäusern, Umweltseminare, Workshops und die Aufklärungsarbeit ortsansässiger Umweltgruppen gefördert.

Eines unserer wichtigsten Projekte im Regenwald ist die Unterstützung der *Awa*-Indianer im Süden Kolumbiens. Die *Awa* leben im Grenzgebiet zu Ecuador, nahe der Pazifikküste, in einem über 200.000 Hektar großen Areal. Zur Bewahrung ihres angestammten Lebensraumes vor der Abholzung durch Siedler, Viehzüchter, Holzhändler und der Einrichtung durch Palmölplantagen unterstützt *Artists for Nature* die *Awa* beim Rückkauf der von Siedlern besetzten Gebiete. Die Indianerorganisation »UNIPA«, die für eine politische Stärkung und Autonomie der Indianer in ihrem Territorium eintritt, ist dabei unser einheimischer Partner.

Über 50 Projekte sind bisher von Artists for Nature unterstützt worden

Aber auch in Deutschland ist *Artists for Nature* für die Umwelt aktiv: Im Landkreis Bitterfeld wurden durch langfristige massive Nutzung durch die Chemieindustrie und den Braunkohletagebau ökologisch wertvolle Gebiete verseucht und zerstört. Hier renaturiert *Artists for Nature* in Zusammenarbeit mit der Gemeinde Mühlbeck ein ca. 80

Die Anpflanzung verschiedener Arten verbessert die Bodenqualität

Hektar großes Gebiet. In mehreren Wiederaufforstungsetappen ist dabei ein kleiner, naturnaher Mischwald entstanden, Pflanzungen verschiedener Baumarten und Sträucher in Gruppen schließen allmählich die Lücken in der Vegetation, durch die in der Landschaft bereits vorhandenen Senken entstehen kleine Feuchtbiotope. Die Anpflanzung verschiedener Arten verbessert die Bodenqualität, viele einheimische Tier- und Pflanzenarten finden sich in ihrem ursprünglichen Lebensraum wieder ein.

In der Öffentlichkeit ist *Artists for Nature* durch zahlreiche naturerhaltende Projekte, vor allem aber durch verschiedene künstlerische Aktionen bekannt geworden. Die Produktion der aufsehenerregenden Popschallplatte »Yes we can«, die von *Loriot* gestalteten Umweltspots im Kino und im Fernsehen, die Fernsehaufzeichnung von »Ein Requiem für den Regenwald« in der Frankfurter Alten Oper und die Veranstaltung der internationalen Kunstausstellung »Columbus – In search of a new tomorrow« konnten eine breite Öffentlichkeit für die Probleme der Umwelt sensibilisieren.

Bitte unterstützen auch Sie uns, damit wir unsere Umweltarbeit fortsetzen können. Weitere Informationen erhalten Sie bei:

Artists for Nature
Frohschammerstraße 14
80807 München
Internet: www.artists-for-nature.org

Stichwortverzeichnis

Literaturverzeichnis

Baumann, Hugo, »Stärken statt düngen. Homöopathie für Pflanzen« Fit fürs Leben-Magazin 3/1998
Böhmer, Bernd und Wohanka, Walter, »Farbatlas Krankheiten ud Schädlinge an Zierpflanzen, Obst u. Gemüse«
Fröhlich, Hans Horst, »Der Naturgarten des Sebastian Kneipp«, Heinrich Hugendubel Verlag
Hahnemann, Samuel, »Das Organon der Heilkunst« (1810)
Hessayon, Dr. D. G., »The Rose Expert«
Hiller, Prof. Dr. Karl und Bickerlich, Günter, » Das farbige Buch der Arznei- und Giftpflanzen«, Signa Verlag
Henseler, Kurt, »Der Pflanzendoktor für den Hausgarten. Krankheiten und Schädlinge erkennen. Obst, Gemüse und Zierpflanzen richtig behandeln«, BLV Verlagsgesellschaft
Heynitz, Krafft von und Merckens, Georg, »Das biologische Gartenbuch. Gemüse, Obst, Blumen, Rasen auf biologisch-dynamischer Grundlage«, Eugen Ulmer Verlag
Kreuter, Josef H., »Homöopathie. Die sanfte Art des Heilens«, Falken Verlag
Recht, Christine, »Aromatische Pflanzenpflege. Im Haus- und Zimmergarten, Obst- und Gartenanbau«, Mosaik Verlag
Rohrer, Anton, »Homöopathie. Der sanfte Weg zur Gesundheit«, Verlag des östrreichischen Kneippbundes
Schumm, Hanne und Friedrich K., »Pflanzenschutz und Pflanzenpflege in Haus und Garten in der Kompetenz des Apothekers«, Deutscher Apotheker Verlag
Siebeneicher, Georg E., » Das große Gartenhandbuch von A-Z«, Gondrom Verlag,
Strahl, Horst, »Grundkurs Bonsai«, Franckh-Kosmos Verlags-GmbH

Stadelmann, Peter, »Der Gartenteich. Anlage, Pflege und Überwintern leicht gemacht«, Gräfe und Unzer Verlag
The Royal Horticultural Society (Hg.), »DUMONT's Gartenhandbuch. Rosen«, DuMont Buchverlag
Ullmann, Dana, »Homöopathie. Die sanfte Heilkunst«, Droemerersche Verlagsanstalt Th. Knaur Nachf.

Über die Autoren

Hugo Baumann, gelernter Landschaftsarchitekt, ist einer der profiliertesten Baumexperten der Schweiz. Der langjährige Umweltamtsleiter von Thun berät seit Jahren Bio-Produzenten. Sein Spezialgebiet ist die naturnahe und umweltschonende Gestaltung von Grünanlagen.

Prof. Dr. Arnim Bechmann, Leiter des Zukunftsinstituts Barsinghausen, berichtet von der von ihm durchgeführten ersten und einzigen Langzeitstudie an Bäumen. Für ihn ist die umfassende Verwendung von Homöopathie für Pflanzen ein »ökologisches Wunschziel«.

Ewald Kleiner ist ein durch seine vielen Bücher bekannt gewordener Züchter und Gartenfachmann. Der anerkannte Hobbygärtner hat Pflanzen aus vielen Ländern zusammengetragen.

Stefan Liebknecht lebt und arbeitet in Österreich. Er ist freier Öko-Journalist, der in verschiedenen Medien schreibt. Prominente Vordenker wie *Robert Jungk, Gerd Gerken* oder der *Dalai Lama* haben seine vielen, unter verschiedenen Pseudonymen geschriebenen Bücher positiv gewürdigt.

Hubert Müntefering ist langjähriger Fachberater des größten Saatgutproduzenten und -vertreibers in Deutschland. Seine Tätigkeit als Gräser- und Rasenexperte besteht in der Beratung und dem Verkauf von Gräsersaatgut für Golf- und Sportanlagen. Er berät Experten vor Ort über den professionellen Einsatz von Düngern und Pflanzenschutzmitteln auf Sportrasenplätzen.

Seit 1992 hält *Walter Pall* Bonsai-Workshops, Bonsai-Demonstrationen und Diavorträge in ganz Europa und auch in Amerika ab. Seit 1993 ist er Vorstandsmitglied des Bonsaiclub Deutschland. 1996 wurde er zum Direktor des Weltverbandes Bonsai Club International (BCI), und 1997 zum Vizepräsidenten der European Bonsai Association (EBA) ernannt.

Lioba Riedel-Laule ist Geschäftsführerin eines Gartenbedarfsartikel-Versandes, der auf den Handel mit Rosen spezialisiert ist. Sie gilt als Expertin für historische Rosen.

Markus Schmidlin durchlief eine Ausbildung zum Betriebswirt an der Universität Bern. Seit zehn Jahren ist er in verschiedenen Positionen und Funktionen im EDV-Bereich tätig.

Reinhard Schmidlin ist diplomierter Landwirt. In früheren Jahren führte er verschiedene eigene Lebensmittel-, Lehrmittel- und Visualisierungsfirmen. Der Schweizer Landwirtschaftsexperte war einer der ersten Pioniere homöopathischer Pflanzenbehandlung.

Konrad Würthle beschäftigt sich seit 30 Jahren als pharmazeutischer Großhändler und Drogist mit der Naturheilkunde. Die von ihm geführte Drogerie in Konstanz ist weithin für ihre große Auswahl an Heilkräutern, ätherischen Ölen und Gewürzen bekannt. Ausgelöst durch die Problematik des Waldsterbens, gründete er 1984 die erste Produktions- und Vertriebsgesellschaft für homöopathische Pflanzenstärkungsmittel. 1991 erhielt er für seinen homöopathischen Wirkstoffkomplex *Biplantol* auf der Welterfindermesse in Genf die Silbermedaille.

Kontaktadressen

Fit fürs Leben-Service
Stendorfer Straße 3
27721 Ritterhude
Telefon: (04292) 81 63 10
Fax: (04292) 81 63 29
E-mail: WHVerlag@aol.com
Internet:
www.fit-fürs-Leben.de

Artists for Nature
Frohschammerstraße 14
80807 München
Telefon: (089) 35 50 18
Fax: (089) 3 59 65 56
Internet:
www.artists-for-nature.org

Vertrieb von homöopathischen Pflanzenhilfsmitteln

Deutschland
Mr. Evergreen AG
Wilhelmsthal 4
34379 Calden
Telefon: (05674) 9 99 20
Fax: (05674) 9 99 233
E-mail:
info@mr-evergreen.com
Internet:
www.mr-evergreen.com

Österreich
Ram Handels GmbH
Bernardinggasse 12
4600 Wels
Fax: (07242) 7 87 99

Schweiz
Plantosan AG
Thunstraße 23
3125 Toffen
Telefon: (031) 8 19 10 81
Fax: (031) 8 19 54 47

fit fürs Leben Verlag

Licht ist die eigentliche Quelle für alles Leben auf der Erde; es ist die Kraft, die das Leben in Gang setzt und die Energiequelle, die es aufrechterhält. Auch im Zeitalter des Ozonlochs und der schädigenden Sonneneinstrahlung gibt es Möglichkeiten, Körper und Seele mit gesundem Licht zu versorgen.

Das informative Buch der Medizin-Journalistin Elke Brandmayer und dem Naturheilarzt *Dr. med. Bodo Köhler* beschreibt ausführlich die Einflüsse, die Licht auf unsere Gesundheit hat sowie die heilende Wirkung von natürlichem und sonnenlichtanalogem Licht. Anhand einiger weitverbreiteter Krankheiten wie Asthma, Osteoporose, Diabetes und anderen gesundheitlichen Beeinträchtigungen, stellen die Autoren die therapeutischen Möglichkeiten mit sonnenlichtanalogem Licht vor.

128 Seiten, kartoniert ISBN 3-89526-011-8

Das erste Buch in deutscher Sprache, das über die älteste organische, nichtbehandelte Mikronahrung berichtet: über die blaugrünen Uralgen aus dem Klamath Lake in Oregon. Sie erfahren, wie Sie mit Hilfe der blaugrünen Kraft des Lebens Ihre mentale Fitness steigern, Ihr körperliches Wohlbefinden festigen, Ihr Immunsystem stärken und Ihre Ziele leichter erreichen können.

Außerdem lernen Sie eines der letzten Naturgebiete der Erde kennen: den Crater Lake Nationalpark, der unterirdisch die vielen Bäche und Quellen speist, die den Klamath Lake füllen. Dieses energetische Wasser bringt aus vulkanischen Tiefen die wichtigsten Mineralstoffe und Spurenelemente mit sich, welche die blaugrünen Mikroorganismen zur energiereichen Kraft und reinsten Nahrung machen.

128 Seiten, kartoniert ISBN 3-89526-013-4

Vor 10 Jahren war das Thema der ökologischen Geldanlage nur wenigen Umweltbewegten ein Begriff, doch inzwischen ist daraus ein Milliardenmarkt geworden. Zu fast jedem Geldanlageprodukt gibt es heutzutage eine »grüne« Alternative: Ökosparbücher, Umweltaktien, Öko-Lebensversicherungen etc. Immer mehr Menschen möchten sichergehen, daß sie mit ihren Ersparnissen keine Atomkraftwerke oder Rüstungsgüter finanzieren. *Max Deml,* seit 1991 Chefredakteur des Informationsdienstes ÖKO-INVEST, und *Dr. Jörg Baumgarten* geben in ihrem Anlage-Ratgeber auf über 300 Seiten einen aktuellen und umfassenden Überblick über nahezu alle Öko-Investment-Möglichkeiten. Ein ausführlicher Serviceteil erleichtert es, eine maßgeschneiderte Anlage-Lösung für jeden Geldbeutel zu finden.

320 Seiten, kartoniert ISBN 3-89526-017-7

Erhältlich in jeder Buchhandlung. Fordern Sie unser Gesamtverzeichnis an:
Stendorfer Straße 3 · 27721 Ritterhude · Tel. 04292 - 816344 · Fax 04292 - 816329

fit fürs Leben Verlag

Wie können Eltern angesichts der breiten Akzeptanz von Impfungen zu der Entscheidung gelangen, ihre Kinder nicht auf diese durch Nebenwirkungen belastende Weise immunisieren zu lassen? *Cynthia Cournoyer* klärt in ihrem Buch »Impfschutz für Kinder? Risiken und Alternativen« über die tatsächlichen Risiken und den Nutzen des Impfens auf und schlägt homöopathische Mittel zur Immunisierung vor. Für jede Kinderkrankheit, für die es traditionelle Impfstoffe gibt, existieren ho-möopathische Alternativen. Im Gegensatz zu den Seren der Schulmedizin werden homöopathische Impfstoffe stark verdünnt, oral verabreicht und auf die individuellen Bedürfnisse von Kindern und Heranwachsenden ausgerichtet. Auch bei der Behandlung von Impfschäden haben sich homöopathische Behandlungen als erfolgreich erwiesen.

128 Seiten, kartoniert ISBN 3-89526-019-3

Das Blut organisiert den gesamten Stoffwechsel des Körpers. Es ist Transport- und Ausgleichsmedium – ein lebendiger Strom, der unseren Körper versorgt und reinigt. Blut ist jedoch kein keimfreies Serum, sondern ist Träger verschiedenster Mikroorganismen, die normalerweise in friedlichem Miteinander leben. Doch eine Übersäuerung des Blutes, hervorgerufen u.a. durch Ernährungsfehler und Streß, kann das empfindliche Milieu stören und zur Verpilzung führen. Viele Zivilisationskrankheiten nehmen so ihren Anfang. Eine Blutreinigung, wie sie Dr. Orth beschreibt, kann hier lebensrettend sein. Er schildert in dem Buch »Lebenssaft reines Blut. Vorbeugung von Übersäuerung und Verpilzung« die zerstörende Wirkung von »zähem Blut auf die Gesundheit und beschreibt verschiedene Therapien zur Reinigung des Blutes.

128 Seiten, kartoniert ISBN 3-89526-021-5

Die Wichtigkeit einer natürlich funktionierenden Verdauung für die Gesundheit und das Wohlbefinden des Menschen findet in der modernen westlichen Welt kaum Beachtung. Dabei ist ein intakter Darm die Grundvoraussetzung ganzheitlicher Gesundheit, wie *Nicole Eschmann* und *Dr. Devanando Weise* in ihrem Buch »Sanfte Darmreinigung zu Hause« interessant und fachlich fundiert darstellen. Als traditionelle Methode zur Vorbeugung und Heilung versucht Ayurveda, den Menschen in seiner Ganzheit zu verstehen und zu behandeln. Diese alte indische Lehre bietet eine sanfte und natürliche Methode der Darmreinigung, die problemlos zu Hause durchgeführt werden kann. Die Autoren haben sich dem vernachlässigten Thema Darmgesundheit durch Darmreinigung und ayurvedische Ernährung kompetent und einfühlsam angenommen.

128 Seiten, kartoniert ISBN 3-89526-012-6

Erhältlich in jeder Buchhandlung. Fordern Sie unser Gesamtverzeichnis an:
Stendorfer Straße 3 · 27721 Ritterhude · Tel. 04292 - 816344 · Fax 04292 - 816329